ممدوح حمدان، خريج متفوق مِن كلية الإدارة والاقتصاد مِن جامعة قطر..

رائد أعمال ولديه بعض المشاريع الناشئة..

كاتب شغوف بالكتابة، خاصَّة في مجال الاقتصاد والماليَّة..

مُهتمّ بالاقتصاد وريادة الأعمال وأدار منذ صغره العديد مِنَ المشاريع التجاريَّة..

مِن طموحاته أن يجعل العامَّة لديهم علم واطِّلاع على الاقتصاد؛ لأنه في نظره إذا تعلَّم الجميع عن الاقتصاد لن يكون هناك فقير في العالم.

الإهداء

إلى أمي الَّتي علَّمَتني..

وعائلتي التي ألهَمَتني واحتضنَتني دائمًا ووجدتُ منهم كلَّ الحب وكلَّ الدعم..

وأصدقائي الذين دائمًا كانوا بجانبي وساندوني سابقًا وإلى الآن.

ممدوح حمدان

عشوائيات اقتصادية

كيف يفكر الأثرياء

AUSTIN MACAULEY PUBLISHERS™
LONDON • CAMBRIDGE • NEW YORK • SHARJAH

شكر وتقدير

شكرًا لمنِ اقترح عليَّ فكرة الكتابة وقام بإلهامي على نَشر الكلمات الَّتي في خاطري..

وأتمنَّى له كلَّ التوفيق في حياته

وأشكر أيَّ شخصٍ مثله يلهِم مَن حوله بإخراج أجمل ما فيهم..

فهُم مَن شبَّههمُ النَّبيُّ محمَّد بالجليس الصالح

كحامل المسك الَّذي ستأخذ منه رائحة طيِّبة في جميع الأحوال.

جدول المحتويات

نماذج يُمكن أن يقتدَى بها لنجاحها في ريادة الأعمال حديثًا وقديمًا

عثمان بنُ عفَّان:

عثمان بن عفَّان – رضي الله عنه – ثالثُ الخلفاء الرَّاشدين في الإسلام، ومن السابقين في الدخول في الإسلام، ساهَمَ عثمان بن عفَّان كثيرًا في نَشر الإسلام وبذل ثروةً كبيرةً في سبيل أن ينتشر الدِّين في كلِّ الأرض، كان عثمان بن عفَّان تاجرًا كبيرًا قبل الإسلام، وكان تاجرًا مِن أكبر تجَّار المسلمين بعد الإسلام.

كان تخصُّص تجارته أغلبها في الحُبوب والمواد الغذائيَّة الَّتي كانت أهم السِّلَع في ذاكَ الوقت مثل حبوب القَمح والشَّعير، ومِن تجارة عثمان كان يتقَوَّت الناس وأغنامهم.

ولكبر تجارته كانت لعثمان أهميَّةٌ كبيرةٌ وتأثيرٌ كبيرٌ في زمانه، ولمَّا سأل الناس عثمانَ بن عفان عن سِرِّ نجاح تجارته وتفَوُّقه عن منافسيه فيها، قال: "إن القاعدة الأولى التي يتَّبعها في تجارته أنَّه يُدير ويُشرف على جميع ممتلكاته وأعماله بنفسه".

وهذا شيءٌ مهمٌّ جدًّا لأيِّ رائد أعمال، فمَن الذي سيخاف علَى ممتلكاتك أكثر منكَ؟! ومن الذي سيرغب في أن تصل أرباحك إلى ذَروَتها أكثر منكَ؟! ومَن الذي يُريد توَسُّع أعمالك أكثر منك نفسك؟! فلهذا إشرافُك على أعمالك والانتباه لها سيَجعل منك رائد أعمال ناجح وسيزيد ربحك، وبما أنك موجود ومُشرف على عملكَ بنفسك ستقلُّ السَّرِقات في المكان مِن العاملين؛ فالبشر ليسوا ملائكة، فكما فيهم المخلص، فيهم السَّارق أيضًا، فلهذا إشرافك على مالك سيقلِّل من هذا، وقيل فيمن يفعل عكس هذا أي: إنه يترك أعماله دون مراقبة شخصيَّة منه، "المال السائب يعلم السرقة"، فأي مال يُترَك دون رقابة وإشراف منكَ شخصيًّا يجعل هذا المال هدفًا للسَّرقة، ويجعل المُشرفين على المكان مِن غيرك يرغبون في سَرِقة المالِ لأنَّه سيكون هدفًا سهلًا، لأنَّ الرقيب الحقيقيَّ الذي يخاف حقًّا على ماله ليس موجودًا، فلهذا إشرافك على عملك

هو العنصر الأهم، وأيضًا اجعل لك فريقًا مِن عائلتك وأصدقائك ممَّن تثِق بهم جدًّا حتَّى إذا تَوسَّعت تجارتك تجد مَن يشرف على أعمالك الأخرى، لكن أيضًا تكون الأمور كلُّها تحت إشرافك وبتوجيهاتك مع متابعة دوريَّة حتَّى تكون على يقينٍ أنَّ جميع الأمور تَجري كما هو مخطَّط لها، وكما ترغب أنت حتَّى تحقِّق جميع أهدافك وتحقق نجاحات في مشروعاتك وأعمالك، ويجب أيضًا في وقتِ إشرافك أن تُعالِج مشكلاتك بنفسك، فلا يجب أن تترك زمام الأمور إلى شخصٍ آخر، فيجب أن يكون الحل لديك أولاً، طبعًا مع مشورة الآخرين ممَّن تثق بهم، لكن يجب أن تكون على علمٍ بجميع الأمور، وجميع ما يحدث مِن مشكلاتٍ في أيِّ عملٍ لكَ.

وقال أيضًا: "إنَّه يُعالِج تجارتَه" أي: يُشرِف عليها، ويُحِلُّ الصُّعوباتِ والمشكلات بنفسه.

وقال: "إنه يحبُّ أن ينميَ تجارته"، ولكن ما الأساليب التي كان يتَّبعُها عثمان حتَّى تنموَ تجارته؟

لقد كان عثمان بن عفان يَنمي تجارته بالاستثمار، وإعادة تدوير أرباحه في استثماراتٍ أخرى تزيد مِن أرباحه، وتجعل تجارته تصل إلى مستوًى أكبر، فيجب أن يكون لديك عقليَّة إعادة الاستثمار، فليس كل رِبح يأتيك تقوم بإنفاقه على

نفسك، لكن لا بُدَّ أن تكون لديك عقليَّة المستثمر، فخذ ما يكفيك مِن مالٍ من الأرباح، ولكن اجعل جزءًا جيدًا مِن أرباحك لإعادة استثمارها، حتَّى إذا لَم تكن لديك أيُّ أعمالٍ خاصَّة بعد، وكان لديك راتبٌ شهريٌّ فأيضًا يجب أن تجعل جزءًا منه للاستثمار، فعقليَّة المستثمر هي الرابحة دومًا؛ فمالك سينمو باستثمارك ويتضاعف، ويجعل منك شخصًا أفضل في المستقبل القريب، ويجب عند الاستثمار أن تكون ملمًّا بحدود مجال استثمارك، ومعرفة الوقت الأفضل للدخول والخروج مِن الاستثمار حتَّى تستطيع تحقيق أعلى عائدٍ وإن لم يكن لديك الخبرة بمجالٍ معيَّن ترغب في الاستثمار به، فخذ مشورة شخصٍ ذي خبرة، لكن لا تتخذ قرارًا حتَّى تكون مقتنعًا وهذا القرار مدروس بنسبة 100%، ولا تجعل أيَّ شخص يُدير استثماراتك من دون أن تكون أنت المتَحكِّم، بمعنى أنَّه إذا لَم تكن لديك الخبرة الكافية، أو الوقت الكافي للاستثمار في شيءٍ معيَّن، وتعرف شخصًا ذا كفاءة وعلم فلا تترك له المال دون رقابة وإشراف، وتجعله هو المتحكم لأنَّ هذا مِن الأخطاء الشَّائعة جدًّا مؤخرًا وخطأ يقع به الكثيرون، فلا تعطِ لأحدٍ أموالك لكن خُذ استشارات بمقابل فقط.

ومن إجابات عثمان بن عفان أيضًا عن سِرِّ نجاحه في تجارته قال: "أنا لا أزدري ربحًا"، ومعنى هذا قبوله بأيِّ ربح حتَّى وإن كان يسيرًا، وعدم التقليل مِن أيِّ عائدٍ يأتيه طالما أن هناك ربحًا، فأحيانًا وفي ظروف ما يتوَجَّب عليكَ البَيع بسِعرٍ يسير حتَّى تخفِّف على البَشَر ففي أوقاتِ الأزمات مثلًا: من الممكن أن يتوَجَّبَ عليك البَيع بهامشِ رِبحٍ قليلٍ جدًّا لعدم وجود ما يَكفي مع النَّاس لشراء بضاعتك، خاصةً إذا كانت بضاعتك مِن الرَّفاهيَّات وليست من الأساسيَّات، أو البضائع التي لها أوقاتٌ وتُفسد فيكون المستهلكون غير متحمِّسين إلى شرائها بسبب مرور الوقت عليها، فقبولك برِبحٍ يسيرٍ وبسيطٍ وعدم احتقارِ الرِّبح، بذلك يكون قرارُك صائبًا، ففي المستقبل غالبًا ستنخفض قيمة بضاعتك أكثر.

وقال عثمان أيضًا: "إنَّه لا يشتري أيَّ شيءٍ تركَه النَّاس"، ويُمكن أن تتعلَّم مِن هذا أنَّه في تجارتك يجب أن يكون لديك علمٌ برَغَبات النَّاس وتفضيلاتهم، ولا تُتاجر بشيءٍ أصبح لا يرغب الناس في اقتنائه حتَّى وإن كان ناجحًا في وقتٍ ما، فعِلمك بتوَجُّه أفكارِ النَّاس ورغباتِهم سيحقِّق لكَ نجاحًا جيِّدًا.

وقال أيضًا عثمان: "اجعَلُ الرأس رأسَين"، وفي هذه الجملة ذكاء اقتصاديٌّ مميَّز، ومعنى هذه الجملة هو تنويع الاستثمارات،

فعثمان لا يضع مالَه في مكانٍ واحدٍ بل يقوم بالتَّنويع في استثماراته، وهذا بالطَّبع سيقلِّل مِن المخاطرة بالمال، فتوزيع المخاطر وتنويع الاستثمارات أحد أهمِّ الأساسيَّات في الاستثمار النَّاجح، ومَن يقم بهذا فسيجنِّب بالتَّأكيد نفسه الخسارة بأكبر قدَرٍ ممكن، وسيحقِّق استمراريَّة في أعماله ونجاحاته واستثماراته.

إيلون ماسك:

أحد أشهر الشَّخصيَّات في العصر الحالي، ومِن الأغنى في العالم، ويُوصف بأنَّه الشخصيَّة الاقتصادية الأذكَى ومِن الأكثر تأثيرًا في الوقت الحالي، إيلون بمجرَّد كلمات قليلة على مواقع التواصل الاجتماعي يُمكن أن يَرفع مِن شأن شركة ويزيد مِن قِيمتها أو يخفضها، فتأثير إيلون كبيرٌ جدًّا، ويحظَى بثقةٍ جيِّدةٍ مِن المستثمرين والاقتصاديِّين، وآراء إيلون تحظَى بالاحترام مِن الجميع.

بدأ إيلون حياته بأعمالِ البرمجة وأصبح مليونيرًا وهو في العشرينيَّات من عمُره فقط.

مِن أشهر كلمات إيلون ماسك "الفشل هو أحد الخيارات"، "إن لَم تفشل فأنتَ لستَ مبدعًا بما فيه الكفاية"، وكلمات

إيلون ماسك هذه يجب أن تكون في عقلك دائمًا؛ فكلما زادت أعمالك وتحقيقك لنجاحاتٍ فأنت تقترب من الفشل في أمرٍ ما أو أنك فشلتَ وقاوَمتَ حتَّى عُدتَّ بالنَّجاح، فالفشل أمر وارد جدًّا، ويجب أن يحدُث في وقت ما، فتلك هي الحياة، لكن يجب أن تأخذ حذرَك في جميع الأوقات مِن الفشل حتَّى إذا وقعتَ في أمرٍ ما تستطيع النُّهوضَ مِن جديد.

مِن أشهر مقولاته أيضًا: "عليكَ أن تبحثَ دائمًا عنِ التَّعليقات السلبيَّة عن مشروعاتك ومنتجاتك، خاصَّة مِن الأصدقاء، لأنَّها تكون مفيدة للغاية"، إذا قمتَ بإنشاءِ مشروع أو عمل مُنتج ما حتَّى وإن كان مميَّزًا وناجحًا فلا بُدَّ أن تعرف ما عيوبُه حتَّى تستطيع أن تستمر في النَّجاح، فمعرفة العيوب خاصَّة مِن أشخاصٍ لن يهتمُّوا بتضليلك يكون أكثر فائدة مِن معرفتك الإيجابيَّات، لأنَّ الإيجابيَّات غالبًا أنتَ على إطلاع بها، لكن الذي يجب أن تكون على علمٍ به هو السلبيَّات.

ومِن أسبابِ نجاح إيلون ماسك أنَّه دائماً ما يفكِّر في أن يفعلَ أشياء أفضل كما قال هو: "فأنت عندما تقوم بعملٍ أو شيء فلا بُدَّ أنَّ هناك أفضل منه".

فنجاحك موجود بالتَّأكيد لكن هناك نجاحات أعلى وأفضل، وهذا هو التَّفكير الجيد حتَّى تصلَ إلى قمَّةِ النَّجاح،

فالتطوير شيءٌ مهمٌّ حتَّى تستمرَّ على قمَّة نجاحك، وأن تظلَّ في المنافسة دائمًا فتطويرك لنفسك وأعمالك حتَّى إن كنتَ على القِمَّة هو العامل الرئيسي حتَّى يظلَّ نجاحك قائم، وهذا ينقلنا إلى واحدة أيضاً من أهم مقولات إيلون وهي أحد أسباب استمراريَّته في النَّجاح إلى الآن وهي: "يجب ألَّا تستسلم إلَّا إذا أُجبرت على الاستسلام".

فيجب أن تستمرَّ في محاولاتك في السَّعي والنَّجاح والعمل بجدٍّ، وأن تكون فِكرة التَّوَقُّف وعدم الاستمرار خارجة عن تفكيرك إلَّا إذا حدثت ظروف قاهرة، ولا تستطيع أن تتجنَّبها تؤدي إلى إجبارك على التَّوَقُّف عن العمل والنمُوِّ، فالاستسلام هو نهاية الأمر.

مِن الأقاويل الشَّائعة جدًّا في عالم الاستثمار: "لا تضع البيض في سلَّة واحدة"، لكن إيلون لديه رأيٌ مضاف إلى هذه المقولة فيقول إيلون: "إنَّه أمرٌ جيِّدٌ أن تترك البيض كلَّه في سلَّة واحدة طالما أنك تتحكَّم فيما يحدث لتلك السلَّة، "في عالم الاستثمار لا يَترك المستثمر جميع أمواله في مشروعٍ واحدٍ فقط أبدًا، أو يُغامر بكلِّ ما يَملك في مكانٍ واحدٍ لكن يقوم بالتَّنويع في الاستثمارات والمشاريع حتَّى يقلِّل مخاطر الخسارة، لكن رأي إيلون أنَّه طالما أنَّك تؤمن ووائق تمام الثقة بمشروع، أو عمل

ما، فإنك يجب عليك أن تُراهن عليه بكلِّ ما تملك لأنَّ هذا سيُساعد المشروع على النمُوِّ ويساعِد ثَروَتك على النمُوِّ أيضاً، لأنَّك تعلم تمامًا أنَّ المشروع سيَنجَح وأنتَ تتحَكَّم فيما سيحدُث فإنَّ النَّجاح سيكون حليفك.

"أعتقد أنَّ الأشخاص العاديين يُمكنهم اختيار أن يكونوا أشخاصًا غير عاديِّين".

"أيُّ شخصٍ كافحَ مع الشَّدائد فلا يُنسَى أبدًا".

مقولتان مِن أهمِّ ما قال إيلون ماسك، ففي وجهة نظره أنَّ أيَّ شخصٍ يُمكن أن يكون أفضل في حياته طالما أنَّه يَرغب بذلك ويريد هذا، وهذا لأنَّه إذا رغب في أن يكون شخصًا أفضل فإنَّه بالتَّأكيد سيعمل على هذا؛ فالأشخاص غير العاديين هم الأفضل والأنجح، وحتَّى تكون شخصًا غير عادي، لا بُدَّ أن تكون هناك بعض الصُّعوبات كما هو الحال في أيِّ شيءٍ في الحياة، لهذا يجب عليك المكافحة والمحاولة مَرَّةً بعد أخرى، فالأشخاص الذين يعملون بجِدٍّ رغم وجود الصِّعاب والمشكلات لا يُمكن أن ينساهم التاريخ.

الملخص: اعمل بجِدٍّ وستجد المشكلات أمامك والشدائد تلاحقك، لكن استمرَّ في العمل والسَّعي بإخلاصٍ، وبالتَّأكيد

ستتحَوَّل إلى أحدِ الأشخاص غيرِ العاديّين الذين لن ينساهم الناس.

قارون:

في عصر الفراعنة، وتحديدًا في زمان النَّبيّ موسى عليه السلام، كان قارون رجلًا مِن أتباع النَّبيّ موسى، الجميع يعتقد أنَّ قارون لما ذُكر في القرآن كان ضعيفَ العبادة مقارنةً بباقي المؤمنين بالشَّريعة التي نزلت على سيدنا موسى، ويعرفون أن قارون كان مِن قوم موسى لأنَّ هذا ذُكر في القرآن الكريم، لكنَّه كان من الأكثر تفَوُّقًا في العبادة في قوم موسى، وكان الجميع يعتقد أنَّه الأقربِ إلى الله، ويقال إنَّه اعتزل الناس والبشر مدَّة، ومكث في أحد الجبال للعبادة حتَّى تمَكَّنَ منه الشيطان بأحدِ مداخلِه، وصار قارون أحد الأشرار الذين عرفهم التاريخ، فتحَوَّل من الأكثر عبادة إلى أحد أكثر الأشرار الذين يتداول التاريخ قصصهم إلى الآن.

قارون كان في زمانه الرجل الأغنى، والقرآن عندما تحدَّث عن ثَروته قال: إنَّ المفاتيح التي تفتح الحجرات التي تُوجد بها ثروته ضخمةٌ جدًّا حتَّى أنَّ عددًا مِن الرِّجال لا يستطيعون حملَها، فما بالك بالحُجرة نفسها ومقدار الثَّروة التي توجد بها،

حتَّى عن مِقدار ثروته يُذكر البعض أنَّ قارون هو الرجل الأغنى في التَّاريخ، وكان مصدر ثَروة قارون هو الذَّهب، فالذَّهب مِن المعادن الثَّمينة جدًّا في كلِّ عصور التَّاريخ وإلى زماننا الحالي يعتبر عُملةً مقبولةً في كلِّ البُلدان فتستطيع تحويله بسهولة إلى نقودٍ في أيِّ بلد.

استغَلَّ قارون عِلمَه الذي تعلَّمه في حياته، واستمَرَّ بالمحاولة حتَّى استطاع ببَعض الطُّرق الكيمائيَّة تحويل النُّحاس مع بعض المعادن الأخرى الأرخص ثمنًا مِن الذَّهَب، استطاع تحويلَها إلى ذهَب وبدأ ببَيعِه مع تحقيق هامش ربح خرافيٍّ يفوق توَقُّعات أيِّ شخصٍ، وازدهرت تجارة قارون في زمانه، وحقق قارون ثروة طائلة مِن تلك التِّجارة حتَّى يقال إنَّه أصبح أغنَى مِن فرعون نفسه حاكم مصر، وكما هو الحال مع أغلب مَن تأتيه ثروة من دون علم، على الرَّغم من أنَّ قارون كان عالمًا ويستطيع تحويل المعادن إلى ذهبٍ إلَّا أنَّ هذا ليس هو العلم كله، لكن هناك علوم عقليَّة وأخلاقيَّة هو جاهل بها، لهذا أصابَه الغرور فأصبح يمتلك مِن المركبات، والخيول، والحرس، والأنعام، والقصور ما يزيد عن حاجته، وهدفه هو هدف واحد فقط التفاخر والتكبُّر على كلِّ مَن يَراه حتَّى يُرضي غرائزه، فالغرور غريزة، وغريزة سيِّئة جدًّا تؤدِّي إلى ظهورِ

مشكلاتٍ في المجتمع منها الحِقد الطبقي، فيَصير الفقير يحقد على الغنيِّ لأنَّه يَرى منه البذخ، ويرى الفقير أنَّ ما يُنفقه الغني فيما لا يُفيده يستطيع أن يؤمن حياةً كريمةً له فيحقد عليه، وهو ما حدث مع قارون، فمُحيطه من الناس أصابهم الحِقد تجاهه.

وكان قارون مِن الفقراء في البداية وقت إيمانه وذهب إلى سيِّدنا موسى حتَّى يدعوَ له بالغِنَى، ودعا له سيِّدُنا موسى فبارك الله لقارون لأنَّ قارون أخذ بالأسباب أيضًا، وعمل واجتهد في عمَلِه إلى أن كفر بالله، وقال: "المال الذي حصلتُ عليه بعِلمي فقط، ولا سبَبَ لتوفيقي في الحياة إلا عِلمي"، ويرى أنَّ مالَه يفعل به ما يَشاء وعلى الرَّغم مِن بذخ قارون في حياته إلَّا أنَّه كان شديدَ البُخل مع النَّاس فلازمته صفة البخل، فكان لا يُعطي فقيرًا ولا يجيب سائلًا، وكان غرور قارون سبب هلاكه وكره الناس فيه.

يُؤخذ مِن قصَّة قارون أن عدَم التكبُّر شيء هامٌّ، والمسؤوليَّات المجتمعيَّة في مساعدة البشر في مجتمعك ممَّن هُم أقل منك مالًا، بالطَّبع ستُفيدك، وبالطَّبع الغرور سيفقدك الكثير مِن محبَّة النَّاس ومِن ثَروتك، فليس بالضَّرورة أن يكون الغنيُّ متكبرًا بل على العكس، الغني ذو

الخلق يكون أكثر تواضعًا مِن الجميع، ويكون هذا أحد أسباب النَّجاح، فنجاحك لا يحسب بالمال فقط، بل يحسب بالمواقف والقيَم الَّتي تقدِّمها للمجتمع ومساعدتك لأهلك ومجتمعك.

23

*****

كلمات اقتصادية وحياتية

استغَلَّ وقتَك:

اليوم أربع وعشرون ساعةً لدى أيِّ شخصٍ، لكن الوقت بالنِّسبة للجميع ليس نفس الشيء، ومقدار ما سيستمر معك مِن الوقت هو الوقت الذي استغللتَه خلال اليوم، فيومك مِن الممكن أن تقضيَه في التَّرفيه، أو متابعة الأفلام، وأيضًا يُمكنك استغلاله بتعلُّم شيءٍ جديدٍ أو قراءة كتاب، والموازنة بين التَّرفيه والتَّثقيف والعمل هي الأفضل؛ فاستغلَّ وقتك بشكلٍ جيِّدٍ حتَّى تحقِّقَ منه ربحًا ماديًّا أو معنويًّا مستقبلاً.

*****

العمر محدود جدًّا:

العمُر مهما طال فلن تتخطَّى مائة عامٍ وأنتَ بصِحَّةٍ جيِّدةٍ، وقادرٌ على التَّركيز فيما تقوم به، وإن سألتَ صاحب المائة عامٍ، كم عشتَ؟ فسيقول: وكأنِّي كنتُ في العشرين أمسٍ، وسيَتذكَّر مواقفَ مِن الطُّفولة، فحاوِل استغلال عمُرك ببناء علامة تجاريَّة لنفسك تستمِرُّ مدى الحياة، وعلامتك التجاريَّة هنا هي سُمعتك الطيِّبة، وعملك المؤثِّر في المجتمع، فالجميع سيَفنَى ولن يبقَى في أذهان الجميع سوى مَن يترك عملًا مفيدًا للبشر، فهذا ما ستتركه في الدُّنيا، ولن يبقَى معكَ في الآخرة سِوَى الصِّدق وأعمالِ الخَير الَّتي قدَّمتَها، فاعمَل لدنياك بتَركِ سِيرةٍ طيِّبةٍ خلفك يرِثها أبناؤك، واعمَل لآخرتك بأن يكون في حياتك مِن الخير ما يؤمن آخرتك، فالخير هو ما سيُبقي سيرتك طيِّبة، والعمل والمثابرة هو ما سيَجعل أعمالك أكثر نجاحًا، فاعمل على ما يُفيدك في عمُرك المحدود جدًّا حتَّى تُطيل مِن عمُرك أعوامًا كثيرة بعد عمُرك.

اصنَع مستقبلَك بنفسك:

مستقبلك هو ناتج ما تفعله بحاضرك؛ لهذا مستقبلك أنت مَن تصنعه بنفسك، فأنتَ وحدَك مَن تقرِّر أنك ستكون ناجحًا في المستقبل، أو ثابتًا في مكانك، أو حتَّى أقلَّ ممَّا أنتَ عليه الآن، فأيَّ عملٍ تقوم به الآن فنتائجُه ستراها في المستقبل، وأيَّ فرصة ستفوِّتها الآن فستَندَم عليها في المستقبل، أيَّ دورة عِلميَّة وأيَّ هواية جديدة أو مَوهِبة تتعَلَّمُها فستحقَّق لكَ علمًا وربحًا في المستقبل.

هذه الأعمال سترى أنَّك كنتَ على صوابٍ في بدايتها، في المستقبل عندما تجنى ثمار عملِك الذي تعبتَ عليه الآن، لهذا أنتَ وحدك قادر على صُنع مستقبلٍ جيِّدٍ لنفسك، وسيكون هذا بتطوير نفسك في الحاضر، والعمل على تعَلُّم الجديد والمفيد لشخصك، على الجانب الآخر أيَّ عملٍ سيئ ستقوم به، في الغالب لن تسوء حالتُك بسببه الآن، بل سيعود عليك بالسُّوء في المستقبَل، اختِيارك للتَّدخين الآن نتائجه الكارثيَّة ستعود عليك في المستقبل، فرئتك لن تُدمر بمجرَّد سيجارة، لكن تراكماتِ عملِك مِن التَّدخين هو ما سيُدمِّرها، اختيارك للتبذير وشراء الرفاهيَّات بدل من الاستثمار في شبابك سيعود بالضَّرر عليك في المستقبل عندما تكون غير قادرٍ على توليد

الأرباح، كل شيء له تكلفة، وتكلفة الآن تعود عليك في المستقبل، لهذا صُنع مستقبلٍ جيِّدٍ أمرٌ لا بُدَّ مِن البداية والعمل عليه مِن الآن.

لكي تنجحَ حاوِل مجددًا:

عندما تستسلم سيَنتهي الأمر، لن يتبقَّى شيء، ما دام هناك محاولات للاستمرار فالأمل موجود، وما دامت المحاولات موجودة ففرصتك للنجاح كبيرة، عدم الاستسلام هو العامل الأهم للبقاء التعثُّرات، سُنة كونيَّة ستحدث والمثابرة والاجتهاد للبقاء وتغيير التعثُّرات والقيام مِن جديدٍ هذا واجبك، اعمَل، اجتهِد، ثابِر، حاوِل مَرَّةً أخرى، سقطتَّ؟ انهَض مجدَّدًا، ما دام هناك نبض في قلبك، ما دام هناك أفكار في عقلك فما زالت هناك فرصة لتأخذَها، وطوِّر من نفسِك لتزدادَ فرصك بالتَّأكيد، ستنجح وسترى أنَّ عدم استسلامك هو سبب نجاحك، ما دام منهج الاستمراريَّة موجودًا فستستمرُّ؛ لأنَّ هذا سيولِّد الأفكار الإيجابيَّة، لكن منهج الانهزاميَّة والاستسلام يولِّد أفكارًا سلبيَّة، تعمل على تدمير ما بدأتَه، ونهاية التقدُّم الذي أحرزتَه، لهذا في قاموس عملِك لا تفكِّر في الاستسلام.

تخيَّل أن أديسون حاوَلَ مائة مَرَّة إلى أن نجح في صُنع المصباح، تخيَّل أنَّه توَقَّف منذ المحاولة الأولى أو الثانية عند عمله على اكتشاف المصباح، هل كنَّا نرَى ضوءًا؟

أعتقد أنَّ أديسون لو فشل ألف مَرَّةً وليس مائة فقط لما كان سيتوقف هذا؛ لأنَّ الأمل موجود دائمًا، والمحاولة القادمة ستكون أفضل بالتَّأكيد، فاحصَل على علمٍ أكبر، وكرِّر محاولاتِك بشكلٍ مختلفٍ وستكون النتيجة أفضل، ما دام هناك أملٌ في النَّجاح أعلى مِن تكلفة الاستمرار، استمَرَّ في المحاولة، ومقدار نجاحك سيَعتمد على مقدار التطوُّر الذي تعلَّمتَه مِن محاولاتك للنَّجاح، ولذَّة النجاح ستُنسيكَ التَّعَب الذي أحاطَ بكَ عند محاولاتك لأن تعودَ مِن جديدٍ.

تحدَّ الأفضل أو تحدَّ نفسك:

في كلِّ عملٍ يُوجد مَن هو أفضل منكَ، حتَّى إن كنتَ أنت الأفضل بشكلٍ عامٍ، لكن ستجد هناك مَن هو أفضل منكَ في نقاطٍ معيَّنة، فمَن أفضل أن تُنافسَه مِن الشَّخص الأفضل نفسه؟!

بالتَّأكيد منافسَتك للأفضل ستزيد مِن قدراتِك وتحسِّن من إدراكك للأمور، وستكسبك مهاراتٍ جديدةٍ، وإن وصلتَ إلى قِمَّة

النَّجاح، أو أنَّك لا تستطيع تحديد نقاطِ قوَّةٍ مَن يُنافسك فتحدَّ نفسَك إلى أن تكون أفضل ممَّا أنت عليه الآن.

*****

انظر إلى نصف الكوب الفارغ:

النَّظر إلى نصف الكوب المملوء هو مِن صِفات مَن لا يمتلكون مقوِّمات النَّجاح، فيغضُّ بصرَه عن السلبيَّات، ويرى فقط الجزء الخاص بنجاحه، فمتى ستتغيَّر هذه السلبيَّات إن نظرت فقط إلى الإيجابيات والنجاحات؟! عند نظرك إلى النِّصف الآخر؛ أي سلبيَّاتك، فستعمل على تطويرها.

وهذا ليس معناه تجاهل النَّجاحات، على العكس رؤيتُك للنَّجاحات تُعطيك حافزًا للاستمرار، ولكن عدم غضِّ النَّظر عن السلبيَّات هو العامل الأهمُّ لاستمرار النَّجاح، وبالتَّأكيد في وقتٍ ما سيُصبح الكوب بأكمله مملوءًا، ولن يمتلئَ من دون أن ترى مواطنَ ضَعفك، والعمل على حلِّها، فاملأ كوبَ النَّجاح أكثر فأكثر، وتحدَّ نفسَك على تغيير السلبيَّات والعمل على حلِّها، وهذا سيَضمن لكَ التغيُّر للأفضل.

تعلَّم مِن سقطاتك:

التعلُّم من تعثرك في أمر ما سيكون ناتجه محاولة قادمة أفضل وإن كثر السقوط، بالطَّبع فستتعلَّم مِن كلِّ محاولة شيئًا جديدًا لأنَّه ليس مِن المنطق أن تكرِّر المحاولة نفسها وتنتظر نتيجة جديدة، بالتَّأكيد ستبتكر حلًّا جديدًا، ستضع خطة أفضل وإن تعددتِ المحاولاتُ فتغيير كلِّ محاولة عن سابقها بإضافة شيء جديد سيعزِّز مِن نجاح المحاولة القادمة، وستتعلم أشياء جديدةً تُفيدك، سواء في المحاولات القادمة أو أي تجارب أخرى جديدة، فتعلُّمُك مِن سقطاتك هو الأمر الوحيد المفيد مِن فشل التجربة في الوقت الحالي، وأحد الأشياء الهامَّة التي ستجعل التجربة ناجحة في المستقبل.

*****

في رغباتك اهتمَّ بما يُعجبك، لا تهتمَّ بما يُعجب الآخرين، لا تحاوِل التكيُّف مع رغباتِ الآخرين فشخصيَّتك مختلفة عن شخصيَّة أيِّ إنسان آخر، في مواقع التواصل الاجتماعي قد تَرى شيئًا يُعجبك ويكون موجودًا لدى شخصٍ آخر، لكنَّه قد لا يكون ضِمن إمكانياتك أو أنه غير مفيد لكَ، لكن مع انتشاره

تُقنع نفسك أنَّه مفيد على الرَّغم مِن أنَّه ليس كذلك، فتحاول الحصول عليه رغم أنَّه عكس اهتمامك، فادرُس رغباتِك جيِّدًا، ولا تدع مجالًا للآخرين للتَّأثير السَّلبي عليكَ، ولا تهتمَّ إلا بما يُعجبك ويُفيدك فقط، ولا تهتمَّ لرأيِ الآخرين وأعمالهم طالما أنَّك تفعل الصَّواب، وتفعل ما هو في حدود إمكانيَّاتك.

غدًا ستندَم على كلِّ ما لَم تفعَله اليوم:

ليس فقط تأجيل عمل اليوم إلى الغد سيؤدِّي إلى تراكماتِ العمل عليكَ غدًا، لكن سيفقدك فرصًا أخرى قد كانت لتحدُث لو أنهيتَ عملَك، فكانت الفرصة الجديدة ستكون لك غدًا، إن كان لديك أيُّ شيء لتُنهيَه اليوم ولديك مساحة وطاقة لتنهيَه فلا تتأخَّر في إنهائه.

اصنَع جدولك اليوميَّ، واكتُب به مهامك، هذا شيء سيساعِدك على إتمام مهامك في وقتها، والأهم مِن هذا هو تقديس هذا الجدول اليومي، وجعلُه شيء هامٌّ جدًّا، لأنَّ فكرة كتابة مهامك على جدول لن تجديَ من دون الالتزام بها، فالفرص التي أمامك اليوم لا تنتظر أن تحصل عليها في الغد إن لَم تحسن استغلالها اليوم.

للنَّجاح ثمن:

ثمَن النَّجاح ليس برخيص، إنَّه يأخذ منك جُهدًا وطاقة، ويأخذ مِن وقتك للترفيه لكن مقابل هذا ستُصبح شخصًا أفضل يَحترمه الناس، اعمَل دائمًا لأن تكون أنجح ممَّا أنتَ عليه الآن.

*****

عشوائيَّات تجاريَّة

التجارة بالدِّين:

أسوأ أنواع التجارة؛ التلاعب بالعواطف والمقدسات لدى البشر لتحقيق مصالح شخصيَّة سواء مصالح ماليَّة للشخص، أو لمساعدة أشخاص بعَينهم، أو لمجرَّد التحكم في عقول الناس.

تاريخيًّا في كلِّ عصر من العصور هناك مَن استغلَّ الدين بطريقة وبشكل ما لتحقيق مصالح، منها؛ مصالح لتجار الدين أنفسهم بأن يحقِّق عائدًا ماديًّا، على سبيل المثال: تقديم القرابين في المعابد في العصور القديمة، فمَن سيستفيد مِن القرابين المقدَّمَة، هل هو الصنم؟! بالطَّبع الكاهن الذي تحكَّمَ في عقل الناس، وجعلَهم يقدِّمون القرابين سيستفيد منها لشخصه، وحتَّى في عصرنا الحالي يعمل بعض تجار الدين لخدمة أفراد معينين، فمثلًا: في البلاد الفقيرة يستغل

السياسيون رجال الدين للتحكم في غضب الشعب من خلال الترويج لأفكار قد لا تكون أي علاقة بينها وبين الدين، لكن يُدخلونها إلى الدين، أو حتى يحرفون بعض الأمور لتتناسب مع القرارات السياسيَّة.

ومعروف تاريخيًّا استغلال هذا الأسلوب في مواضع مختلفة، مثلًا: استغلَّ الفراعنة الدين في أمور الحُكم، فكان بعض الحكَّام ينصبون نفسهم آلهة حتَّى يضمنوا ولاء الشَّعب دائمًا، فإذا اقتنع الشَّعب أنَّ الحاكم إله، فلن يعترض على أيِّ قرار، وأيِّ أمرٍ يُصدره الملك، فسيكون بمثابة الفرض.

واستغلَّ الفراعنة الدين اقتصاديًّا، خاصَّةً في أوقات الحروب، فعندما كانت تضطرُّ الدَّولة لمواجهة عدوٍّ كان يتم طلب التبرُّعات عن طريق المعابد، وعن طُرُق مختلفة، منها: زيادة طلب القرابين في فترة الحَرب، فكان استغلال الدِّين متعارفًا عليه جدًّا في تلك الفترات، وخاصَّةً في الجانب الاقتصاديِّ، وفي كلِّ العصور تجِد مثل تلك التجارة غير الأخلاقية.

التضخم:

التضخم أي: زيادة الأسعار، أمر صار لا بُدَّ أن يحدث في أيِّ دولة، والمنحنى الخاص به في أغلب الأوقات إن لَم يكن دائمًا يكون بشكلٍ تصاعديٍّ، فالأسعار تقفز بشكلٍ كبيرٍ، ونادرًا ما تنخفض قيمة سلعة ولو بشكلٍ بسيطٍ، فالتاجر إذا قلَّت قيمة سلعة فسيَبيعها بالثَّمن الموجود به حاليًا، وسيَعتبر نفسه خاسر الفرق إذا باعَها بسِعرٍ أقل.

وأسباب التضخم متنَوِّعة، أوسع أسباب التضخم تتحكم به الدولة مِن خلال عرض النقود، وأسعار الفائدة، فتلك أسلحة الدَّولة للتحكم بالأسعار.

فإذا قرَّرتِ الحكومة طبع المزيد مِن العملات فستنخفض قيمة العُملة إذا كانت نفس كميَّة الإنتاج من السِّلع موجودة ولَم تزِد الدولة من الإنتاج، والعكس إذا تَوَقفت الطباعة مع زيادة الإنتاج فستزيد قيمة العملة، أو إذا زاد الطلب على عملة البلد نتيجة زيادة الإنتاج من السلع.

وهناك أسباب غير مباشرة مثل الضَّرائب، وسِعر الصَّرف، والديون الوطنيَّة.. وكلها تؤثِّر على التضخم بشكلٍ ما، والسبب الوحيد الذي يُنتج عنه زيادة الأسعار ويكون بسبب المستهلك هو عندما يزيد طلب المستهلكين على سلعة ما، والمعروض يكون

أقل من الطلب، فبالتالي سيزيد سِعرها، وهذا يعد السبب الأكثر أهمية، والسبب الرئيسي لزيادة أسعار بعض السِّلع والخدمات، لهذا يقال: "تغلَّبوا على الغلاء بالاستغناء"، فإذا زاد ثمن سلعة وكانت من الرفاهيات، أو لها بدائل، فاستغنِ عنها لفترة، وإذا فعل الجميع هذا فستنخفض بالطبع قيمتها، لهذا المتحكِّم الرئيسي في الأسعار هو أنتَ.

حب المال رغبة أم غريزة؟

المال أحد أهمُّ أساسيَّات الحياة، فمستوى الصِّحَّة والتَّعليم والرفاهيَّة تعتمد على ما لديك مِن مالٍ، وبمستوًى ما لديك مِن مالٍ ستحصل على نفس المستوى مِن الرِّعاية والتعليم والرفاهيَّة.

حبُّ المال غريزة لدى أيِّ إنسانٍ، فأيُّ إنسان مهما كان مدى زهده في الحياة حتَّى إن لَم يكن يَرغَب في أن يكون غنيًّا جدًّا، ويَمتلك منزلًا فخمًا، أو سيارةً، أو غيرها من الرَّفاهيَّات، فسيظَلُّ لديه حبٌّ غرائزيٌّ للمال بحدٍّ معيَّن.

والغريزة هي ما تحرِّك الرغبة للحصول على المال، لكن الرغبة في الحصول على المال تختلف مِن شخصٍ لآخر، والرغبة في الحصول على المال هي ما تجعلك تتعلَّم، وتعمل

للحصول على المال في المستقبل، الرغبة لا بُدَّ مِن أن تكون عاليةً للحصول على ثَروة.

حبُّ المال ليس صِفة سلبيَّة لكن الفرق في طريقتك للحصول على المال، والخيارات السَّليمة في طرُقك للحصول على المال هي ما ستمكِّنك من الحصول على المال بأمانٍ، ستستثمر ثروتك دون خوفٍ، فمَن يسرق ويتَّبع طرُقًا ملتويةً، فمِن الممكن جدًّا أن يحقِّق ثروةً كبيرةً لكن الشُّعور بالأمان وعدم الخوف من المستقبل هو أيضًا ثروة يجب أن توضَع في الحسبان، فوجِّه غريزتك للحصول على المال في أن تجعلك تجتهد وتستمِرَّ في التعلُّم وألَّا تستسلم في طريقك للحصول على الثَّروة لأنَّ هذا هو ما سيجلبها لك، وسيَضمَن لكَ الحفاظ عليها؛ فالأخلاق، والحرية، والأمان أهمُّ مِن الثروة الكبيرة.

العقلية الفقيرة والعقلية الغنية:

ليس شرطًا أن يكون الشخص غنيًّا كي يمتلك عقلية الأغنياء، فقد يكون الشخص لا يمتلك مقوِّمات النجاح في حياته لكنَّه يمتلك عقليَّة قد تغيِّر حياته، فصاحب العقليَّة الغنيَّة حتَّى إن لَم يُولَد غنيًّا لكنَّه سيحاول أن يموت غنيًّا، لأنَّه سيعمل على ذلك، على العكس مِن ذلك هناك أغنياء أصحاب

عقليَّات فقيرة، بالطبع سيفلسون، أو ستقل ثروتهم بشكلٍ كبيرٍ إذا ما استمَرُّوا بنفس طريقة تفكيرهم، وهناك العقليَّة الفقيرة للذين وُلدوا فقراء، وهؤلاء ذوو عقليَّة سيِّئة مع حظٍّ سيِّئ، بالتالي لن تكون حياتهم جيدة إطلاقًا.

الأشخاص ذوو العقليَّة الغنيَّة يمتلكون مقوِّمات ستمكِّنهم من أن يكون لديهم ثروة في يومٍ ما، العقليَّة الغنيَّة تعمل على مَنع الإسراف في حياتها، وتقليل الإنفاق على الرفاهيَّات قدر الإمكان، على سبيل المثال؛ إن حصول شخص على مبلغ مالي، وليكن مائة ألف، فالشخص ذو العقلية الجيدة سيخطِّط لاحتياجاته، ويدفع فواتيره، والمبلغ المتبقي سيستثمره لكي يحقِّق له عائدًا مستقبلًا، وإذا حصل شخص على نفس المبلغ لكن عقليَّته سيِّئة، فبعد دَفع ما عليه، سينفق على الرفاهيَّات رغم أنَّ كلَّ ما يَمتلكه هو مائة ألف، إلَّا إنَّه قد يُنفق أغلبها على شراء احتياجات ثانويَّة مثل سيارة غالية، أو أيِّ احتياجاتٍ يُمكن الاستغناء عنها.

إذا كان لديك مبلغ زائد، فمن المفترض أن يكون خيارك الأول هو استثماره؛ لأن عائد الاستثمار هو ما سيؤمِّن لك رفاهياتك في المستقبل، الاستثمار هو خيارٌ، والإنفاق على الرفاهيات هو خيار أيضًا، لكن ما تُنفقه على الاستثمار سيَبقَى ويتضاعف،

والرفاهيَّات تأخذ وقتَها ولكن قيمتها ستتناقص يوميًّا إلى أن تفقد قيمتها، وعلى الجانب الآخر قيمة الاستثمار تتضاعف، وستصل إلى قيم أعلى مع مرور الوقت.

ومِن صفات الأشخاص ذوي العقلية الغنية أيضًا عدم استصغار المبالغ الصغيرة، فتراكم المبالغ الصغيرة هي ما تبني الثروات، فمثلًا: عندما تقوم بحجز تذاكر طيران، احجز على الدرجة السياحة، وليست درجة رجال الأعمال حتَّى وإن كنتَ قادرًا، فالفرق لن يكون كبيرًا، لأنَّ تراكم هذه المبالغ الصغيرة يؤدِّي إلى تكوين مبالغ أكبر تستفاد منها في أشياء أخرى، وقِس على هذه الأشياء الأخرى، ستجد أن عدم استصغار مثل هذه المبالغ أمر هامٌّ.

من أهمِّ صفات النَّاجحين عمومًا عدم بداية أيِّ عمل بالاقتراض، فالاقتراض يأكل جزءًا كبيرًا مِن ثروتك، وأنتَ دائمًا مهدَّد طالما أنَّك مدين، فاعمل قدر الإمكان على عدم الاستدانة، وإن كان قرار الاستدانة أمر لا مفَرَّ منه، فمِن الأفضل أن يكون من أشخاصٍ قريبين منك، لأنَّهم سيتحملون عنكَ في بعض الأحيان، ولن يرغبوا بالقيام بأيِّ ضَرَرٍ لكَ، لكن مع هذا لا تتهاون في السِّداد لهم حتَّى لا تفقدهم الثقة بكَ، وإن كانت الاستدانة من

البنوك هي الحل الوحيد، فحاول الإسراع في السداد لأنَّ اليوم في البنك بمبلغ آخر.

والاقتراض المسموح هو في الأمور المهمَّة فقط التي تحقِّق ربحًا، فيكون اقتراضٌ إيجابيٌّ لكن أكثر أنواع الاقتراض فشل هو الاقتراض مِن أجل رفاهيَّات، أو أشياء كماليَّة لن تستفيدَ منها ماديًّا، التفكير في الاقتراض مِن أجل هذه الأمور يجب التخلي عنه فورًا، وعند الرغبة في شراء مثل هذه الأمور حاوِل أن يكون ثمنُها كامِلًا موجودًا لديك؛ فلن تكون مُطالبًا بدَفع فائدةٍ إضافيَّةٍ على ثمنها أو أشياء مثل هذه.

الكرم في إعطاء الأفكار والأسباب التي أدَّت إلى النَّجاح تصنع مجتمعًا ناجحًا حولك، فعند وجودك في مجلسٍ الأفكارُ الإيجابيَّة موجودةٌ فيه، فستعصِف أفكار جديدة أيضًا إلى ذِهنك وستستفاد مِن مجالسة مَن يَرغبون في الحصول على أفكار، أيضًا التعلُّم الدَّائم يؤدِّي إلى النمُوِّ، ومطالعة المقالات والمجلات الَّتي يُكتب بها عن نفس مجال عملك تُعطيك أفكارًا لَم تكن لتعرفَ عنها لولا قراءتك عنها.

النَّجاح ليس حظًّا، النجاح هو ناتج عن عملٍ واجتهادٍ كبيرٍ، فكرة أنَّ النَّجاح يأتي عن طريق المصادفة هي مِن أفكار ذوي العقليَّات الفقيرة؛ فالنجاح يأتي للمثابر الذي أحسن تصرُّفَه

فيما يمتلك مِن مالٍ ومقوّمات، وهذا ما أدَّى إلى نجاحه، والحظ لا يأتي سِوى للمجتهدين، فمن دون اجتهادٍ لا يُوجَد حظٌّ، فبالعمل والاجتهاد ستأتي ثمار عملك، لا تلُمِ الآخرين على أيِّ فشلٍ حدث لكَ، فالأَولَى أن تلومَ نفسَك لأنكَ المسؤول عن أيِّ قرار، أو أيِّ عملٍ فأنتَ المشرف على قراراتك.

قبل البداية في أيِّ عمل أو شراء أيِّ شيء اعرف القيمة التي ستَجنِيها مِن اقتناء هذا الشَّيءَ، أو القيمة وراء العمل إن كانت القيمة أعلى مِن التكلفة فابدَأ به.

العمل الخاص بك هو ما سيجني لكَ ثَروة لا الوظيفة، في العمل الخاصِّ مقدار اجتهادِك سيزيد مِن العائد الخاصِّ بكَ، أمَّا عند الوظيفة فالاجتهاد الخاصُّ بكَ يعود لأشخاصٍ آخرين، فالأفضل أن تجتهدَ لنفسك، الوظيفة فرصة جيدة لتمويل عملك في البداية بكل تأكيد، لكن عندما تستطيع أن تبدأ عملك، وترَى أنَّ الوظيفة ستؤثّر على عملِك سَلبًا فاتركْها فورًا، وتابِع عملك، وقُم بتنميته لأنَّ هذا سيُفيدك بشكلٍ أكبر.

العقليَّة الفقيرة ترى العقبات فقط عكس العقلية الغنية التي ترى الفرص والعقبات، فمعرفة الفرص والعقبات يجعل دراستك لأيِّ شيءٍ أكثر واقعيَّة؛ لأنَّ أيَّ شيءٍ يُوجد به فرص وتحديات، وعدم الخوف مِن التحديات والعقبات سيولد لديك

الحلول لتجنُّب تلكَ العقبات والتحديات وإن كانت الفرص قيمتها أعلى مِن مواجهة التحديات، فالقرار السَّليم هو أنَّ هذا العمل سيكون جيِّدًا، فعندها استمرَّ به.

*****

قوة العملة:

أغلَى عُملة في العالم حاليًا هي الدِّينارُ الكَويتيُّ، الكويتُ دَولة اقتصادُها جيِّدٌ، لكنَّها لا تَملكُ الاقتصاد الأَقوَى في العالم، حتَّى عربيًا الكويت حاليًا ليستِ الاقتصاد الأَقوَى، بالطَّبع الاقتصادُ الكَويتيُّ ليس أقوَى مِن الاقتصاد الأُمريكيِّ والصِّينيِّ حاليًا، ويخلط البعض بين سِعر صَرف العُملة وقوَّة العُملة، سِعر صَرف العُملة يعتمد على العرض والطَّلَب بشكلٍ أساسيٍّ، والعديد مِن الأسباب الأخرى الثانويَّة.

الكويت ربطَت عُملتها بالعديد مِن العُملات القويَّة وهو ما أدَّى إلى رَفع قيمة عُملتها، والدول الَّتي ربطت معها عُملاتها هي دول ذات اقتصادٍ قويٍّ؛ لهذا ستظَلُّ قوَّة عُملة الكويت مرتفعةً طالما أنَّ الاقتصاد العالميَّ جيِّدٌ، وبالضَّرورة قوَّة العُملة ليست مؤشِّرًا على الرَّفاهيَّة، وسِعر الصَّرف لا يُقاس به مَدَى غِنَى

42

الشَّعب أو رفاهيَّته، لكن هناك العديد مِن العوامل الأخرى الَّتي تكون أفضل مِن سِعر العُملة لتحديد الرفاهيَّة والأمان وقوَّة الاقتصاد.

*****

الثراء السريع:

فِكرة الثَّراء السَّريع الَّتي تُراوِد أيَّ شخصٍ، قد تكون فكرة سلبيَّة في بعض الأحيان، فتجعل مِن صاحب الفكرة سفيهًا في الأفكار، فيشتري بأيِّ مال لديه مثلًا تذاكر اليانصيب؛ لأنَّه يَرغب في أن يحصل على المال بسُرعة، أو قد يقامر بالمال، أو أن يقَع فريسة للاحتيال، فيُغريه اللصُّ بطُرُقٍ أسرَع للحصول على المال ويُقنعُه أنَّها بلا مُخاطَرة، حتَّى يعمَى الشخص عن التفكير العلميِّ والدراسة العمليَّة للمشروع الذي يقدِّمه الشخص، أو عن دراسة الشخص نفسه، والنِّهاية تتحَوَّل نشوَة الرَّغبة في الثَّراء السَّريع إلى الحزن على ضياع ما لديك من المال، لا يُوجَد ثروة تُصنع بسهولة مهما كانت يجب العمل عليها والتعَلُّم مِن أجلِها، فالتَّعب هو بداية الرِّحلة وجزء لا يتجزأ منها أثرَى أثرياءِ العالم حتَّى وإن كنتَ تَرى أنَّ ثروتَهم تتضاعف

بشكلٍ كبيرٍ الآن، لكن هذا هو الجزء الجيّدُ مِنَ الرِّحلة هذه هي النَّتيجة لعملٍ شاقٍّ وجُهدٍ في التَّفكير والتخطيط، عملوا عليه مِن البداية.

الكلُّ يرغَب في أن يُصبِح ثريًّا في أقربِ وقتٍ، لكن اعمَل لهذا باعتدالٍ وتفكيرٍ وعدم المخاطرة بكلِّ ما تَملك لأجلِ فِكرةٍ أو مشروعٍ أنتَ غيرُ واثقٍ مِن نتائجه، حاول مِن تقليلِ المخاطرة بالمالِ ونوع مِن استثماراتك وادرُسها جيِّدًا، وفكِّر في الفرَصِ البديلة دائمًا وتكلِفَتِها، بالتَّأكيد التَّعَب هذا أفضل مِن الحُزن على فُقدانِ مالٍ أنتَ بحاجةٍ إليه.

لِماذا الذَّهَب؟

إذا فكرتَ في حِفظ قيمة أموالك في أيِّ وقتٍ وطلبتَ مشورة اقتصاديَّة مِن أيِّ شخصٍ فسيُخبرُك بشراء الذَّهَب، فلماذا شِراء الذَّهَب يحفظ القيمة للنُّقود؟! ولماذا كانت العُملة القديمة من الذَّهَب؟! ولماذا تمتلك الدول احتياطات مِن الذَّهَب؟!

الذَّهَب معدن مِن المعادن الكثيرة الموجودة في باطنِ الأرض، والذهب ليس المعدن الأكثر ندرةً، وليس الأغلى ثمنًا، وليس المعدن الأكثر تعقيدًا كيميائيًّا، لكن الإنسان مَال إلى

استخدامه كعُملة من آلاف السنينِ، الذَّهَب يزداد سعرُه جدًّا في أوقات الصِّراع والأزمات، وهذا بسبب تخَوُّفِ النَّاس مِن انهيار قيمة العُملة، فيعتبرون الذَّهَب هو أكثر أمانًا لحماية أموالهم، ولأنَّه يعتبر نقدًا عالميًّا؛ ففي أيِّ دولة إذا رغبتَ في بَيع الذَّهَب فستَبيعه بقيمة متقاربة جدًّا مِن سعر شرائه في دولتك، لهذا ولرَغبة الناس به يُحفَظ الذَّهَب قيمته في أيِّ وقتٍ، وفي أيِّ زمنٍ، وتحتفظ الدول أيضًا بالذَّهَب على هَيئة احتياطات، بل إن أغلب الدول تربط عُملتها بالذَّهب وهو ما يُعرَف بالمعيار الذهبيِّ للمال، وتحتفظ الدول بالذَّهب لأنَّه يعَد أحد مؤشِّرات قوَّة اقتصاد الدولة، ويُعطي الأمان لحملة السَّندات الحكوميَّة، وأنَّ الدَّولة قادرة على سِداد التزاماتها.

وكانتِ العملات قديمًا مِن الذَّهب لأنَّ قيمته كانت معروفة، ودائمًا كان معدنًا مرغوبًا به، وكانت عملة مقبولة لدى الجميع، لهذا تَمَّ استخدام الذَّهَب في الكثير مِن الدول، وعلى فترات طويلة على أنَّه العملة الرسميَّة لتلك الدول، فالذَّهَب من تاريخ طويل إلى الآن، وفي المستقبل، سيظَلُّ عملةً قويَّةً ومرغوبًا بها.

مقولات اقتصاديَّة مفيدة من أشخاص مؤثرين:

أخذُ الحِكمة مِن أفواه مَن قاموا بالتَّأثير في التَّاريخ بإيجابيَّة، أو ممَّن يُؤخَذ بعِلمِهم، أمرٌ مفيدٌ جدًّا لكَ، وعمومًا يَجب التعلُّم ممَّن سبَقُوكَ في أيِّ شيءٍ حتَّى تُستفاد ممَّا فعَلوه، وتأخُذ شيئًا مِن عِلمِهم، وكذلك أخذُ الحِكَم الاقتصاديَّة مِن الاقتصاديِّين ورِجالِ الأعمال أمرٌ سيُفيدُك جدًّا في حياتك فلِلكِلمَةِ تأثيرٌ كبير جدًّا على حياة الشخص، فأخذُكَ لكلمةٍ واحدةٍ والعمل بها قد تمكِّنُكَ مِن الاستمرار في العمل وبناء نجاح.

بعضُ الحِكم الَّتي أثَّرَت في حياةِ الكثير مِنَ النَّاس اقتصاديًّا سأسرُدها هنا لعلَّنا نستفيد منها الآن وفيما بعد.

*****

"ليس الثَّراء في كثرة المملتكات، بل في قلَّةِ الاحتياجات"
(الفيلسوف ابكتيتوس)

التحكُّم في احتياجاتك وجَعلها في مقدور ما تَملِكُه هو أحد أنواع الغِنَى، ويجب أن يكون هذا ما أنتَ عليه لبناء الثَّروة، وأن

تكون احتياجاتك أقلُّ عن مِقدار ما تُجنيه مِن مالٍ، فالفارق بين احتياجاتك ودَخلِكَ هو ثَروتك الحقيقيَّة، وإذا كان لديك مِن الممتلكات الكثير جدًّا، وثروتك كبيرة جدًّا لكن احتياجاتك أكبر ممَّا تَملك فأنت فعليًّا فقير؛ فالتحكُّم في احتياجاتك هو أمر هامٌّ، فمِن دون هذا كلَّ ما ستَملكُه سيَفنَى، وكلَّما كانت احتياجاتك كبيرة ستضطَرُّ إلى التخلص مِن الممتلكات لتلبيَة احتياجاتك، فبالتالي ستَفقد ما تَمتلكه، وكلما كانت احتياجاتك كبيرة ففكرة مضاعفة ثَروتك وزيادتها تقلُّ لأنَّكَ بسببِ كَثْرَة احتياجاتك تفقد جزءًا كبيرًا مِن مصدر دَخلِكَ، كان مِن الممكن إعادة استثماره أو حتَّى ادِّخاره، فتحكَّم في رَغبتك في أن تقوم بشِراء أشياء مُكمِلَة في حياتك، ورفاهيَّات، والاهتمام بالأساسيَّات والاستثمار؛ لأنَّ هذا هو التَّفكير الغنيُّ وهو ما سيُفيدكَ في رحلة حياتك.

"قُل لا ألفَ مَرَّةٍ لأيِّ شيءٍ يُشتِّت انتباهك ويُعرقِل تفكيرَكَ".
(ستيف جوبز)

أيُّ شيءٍ ولَو كان صغيرًا يَستطيع أن يشتِّت انتباهَك ويأخذ مِن تفكيرك، لكن تركيزك على أمرٍ ما وعلى إكماله لا يجب أن

يُصاحبَه أيُّ مُشتِّتات، فانتبه أن تَسايَرَ ما يُشتِّتك، أو أن تَجلس مع مَن يُعطيك أفكارًا خاطئةً قد تجعلك تتوَقَّف عن التَّفكير في الشَّيءِ الأساسيِّ الَّذي قُمتَ بالتَّركيز عليه، وتجنُّب الانشغال في أيِّ رَفاهيَّة تُحبُّها في وقت العمل، أو التفكير في مستقبلك وفي أعمالك وفي دراستك، فقَولُك لا للمُشتِّتات سيَجعل عملك يَنتهي بشكلٍ صحيحٍ، وسيكون تَركيزك منصب في أمرٍ واحِدٍ، بالتَّالي انتهاؤه سيكون بشكلٍ أسهل وأفضل.

*****

مَن لَم ينفَعه العلم، لَم يأمَن ضرَرَ الجَهل
(كارل ماركس)

إذا لَم تتعَلَّم عن شيءٍ فأنتَ جاهل به، إذا بدأتَ في أيّ عملٍ فتعَلَّم عنه؛ لأنَّ التَّعليمَ يَكسبُك خِبرةً حتَّى إن لَم تبدَأ بعد في هذا العمل، تعَلَّم بتركيزٍ وانتفِع بكلِّ كلمةٍ تُقال لأنَّكَ إن لَم تَنتفع بأيِّ جُزءٍ فستكون جاهلًا عنه، وضرائب الجهل أكبر مِن تَكلِفَة الحصول على المعرفة، والتعَلُّم يجنِّبكَ خَسائر كبيرةً، ويَسهُل عليك عملُك، وهو سببٌ أساسيٌّ في الاستمراريَّة، وطالما

أنَّكَ لَم تتعَلَّم شيئًا، أو لم تتقن عملًا ما، فكلُّ الخسائر تكون بسبب جهلِكَ.

أنا لا أفشل، بل وجدتُّ عشرة آلاف طريقة لا تعمل.

(أديسون)

ما دمتَ تفكِّر وتجِدُ طرقًا وحلولًا جديدةً لِسقطاتك وتُحاول مجدِّدًا للتَّوصُّل إلى حلولٍ لِمشاكلك والخروج منها، وإعادة جَدوَلة وترتيب الأمور لِتعودَ إلى مَجراها الطَّبيعيِّ فأنت لَم تَفشل، الفشل الحقيقيُّ هو عندما تيئَسُ وتكون حلولُكَ فقيرة، وكلُّها انسحابيَّة فتتدَهور أهدافك وتتلاشى، حتَّى لا يتواجد منها أيُّ شيءٍ وتصبح الحلول كلُّها لديك هي الاستسلام، أو القبول بالأمر الواقع فلا تحاوِل أن تنهَضَ مِن جديدٍ، حينها ستظَلُّ ثابتًا في مكانك مع حطَّام أمالك المتبعثرة مِن حولك، وما تبَقَّى مِن أهدافٍ لَم تحقِّقها سيُحيط بها اليأس قَبل بدايتها، دائمًا هناك فرصة، هناك حل يوجد في زاوية من زوايا المشكلة، ركِّز في إمكانيَّاتك ومواردك، وحاوِل تشكيلها مِن جديدٍ طالما أنَّكَ تؤمن بأنَّ فكرتَكَ سَتزهر في بُستان النَّجاح، إعادة صياغة خُطَطِكَ في أوقاتِ السقوط أمر حتميٌّ مِن الطبيعيِّ أن تقوم

بتغيير خططك في أيِّ وقتٍ فأنتَ لا تعلم الغيب، الخطط في البداية تعتمد على ظروف مثاليَّة حتَّى وإن فكَّرتَ في المشكلات الَّتي قد تُواجِهكَ وتوَقَّعتَها فأنتَ غالبًا تتوَقَّع مشكلات مثاليَّة أيضًا لأنَّ حلولها في رأسك، المشكلات الواقعيَّة أمر مختلف تمامًا، ويحتاج إلى إعادة ترتيب للخطط مَرَّةً أخرى، وحتَّى إن تغيَّرَت خطتُك القديمة 180 درجة، هذا معناه أنك تفكِّر في طُرُق جديدة وأفكار جديدة للاستمرار هنا النَّجاح الفكري، النجاح العملي يكون بجَودة الخطَّة نفسِها وطريقة ترتيبها ومدى تقديرك للمشكلات وتقديرك الصحيح للأمور، وإن فشلت الخطة بسبب ظروف محيطة، أو أخطاء أخرى قد تحدُث عمومًا طالما أنَّ مواردك متاحةً وستُساعدُك أفكارك الجديدة على التطَوُّر؛ فأنتَ في طريقك الصحيح لتحقيق مكاسب، هنا أديسون في هذه المقولة يوَجِّه لأهميَّة المحاولة، فحتَّى إن تعثرت كثيرًا فهناك خطأ ما في كلِّ مَرَّةٍ، وبالطَّبع ستجد حلًّا له، والمشكلات والتعثرات الأخرى الَّتي تَظهَر طالما أنَّ هناك حلول لها، فبإمكانك المواصلة لأنَّ هذا لا يُعتبر فشلًا، فحاوِل مَرَّاتٍ أخرى حتَّى تَظهر فكرتُك بالشَّكلِ الذي تُريده أنتَ وتتمَنَّاه، وإن بدأتَ الفِكرةَ بالنَّجاح فاستثمِر بالمحاولات الأخرى

لِجَعلِ تطبيق فكرتك مثاليًا لأنَّ هذا هو ما سيَجعل مِن فكرتك ذات استمراريَّة، وتجعلها تحقِّق نجاحًا أكبر بالتَّأكيد.

الفشل أمر معنويٌّ تشعر به أنتَ، قد تقوم ببَدء مشروع جديدٍ، أو تطبيق فكرة جديدة وأنت مؤمن بها جِدًّا، لكن بعد مرور وقتٍ ما تجد أنك تخسر، الأغلب تُعطي لنفسك فرصة في الوقت فقط، وإن لَم يَنجح المشروع ويُحقِّق أرباحًا فتقوم بإغلاقه، لكن لا بُدَّ مع الوقت الذي أعطيتَه لنفسك أن تُبدِع بأفكارٍ جديدة في التَّسويق مثلًا، أو تطوير طاقم العمل، أو تطوير مِن الفِكرة لجَعلها تُناسب الجميع، وقد تكون الفكرة متطَورةً جدًّا عن الوقت الحالي فلا يَفهمُها النَّاسُ أو العُملاء المتوقعون لديك، فهنا يُمكن أن تهبط بمستوَى أفكارك بشكلٍ مبدئيٍّ، لكَي تُفهم الفِكرة وحتَّى يَستسيغها الناسُ بعدها، ابدَأ بالتطَوُّر التَّدريجيّ، أو قُم بتسويق مميَّز لأفكارك حتَّى يَقتنع الناس بما لديك، المهمُّ هو المحاولة طالما أنَّ المحاولة القادمة ترى أنتَ أنَّ فيها تطَوُّرًا سيَرُدُّ لكَ خسائرك، وطالما أنَّ تَكلِفَة الحلول أقل مِن التكاليف التي أنت تكبَّدتها فعلًا.

*****

"إذا لَم تَستطع القيامَ بأشياءَ عظيمة، فاعمَل أشياءً عاديةً بشَكلٍ عَظيمٍ".

(نابوليون هيل)

في العمل كموظف مثلًا قد يكون هناك مَن هو أفضل منك، قد يكون شخص أكثر خِبرة، أو لديه أفكار ابتكاريَّة تسبق الجميع، ومِن الممكن ألَّا تستطيع أن تُنافِسه أنت، أو قد لا يكون لديك أفكار ابتكاريَّة مثله، هنا كلُّ ما هو مطلوب منكَ لكي تكون شخصًا استثنائيًّا مثله أن تقوم بعملك، أدِّ واجباتِك فقط لكن أدِّها بأقصَى طاقة لديك، وأقصى معرفة عندك، لا تجعَل عملَك روتينيًّا لأنَّ هذا يظهر في نتائج عملك، قيامك بعملك العادي بشكلٍ أفضل مِن الجميع يَجعلُك أفضل منهم طالما أنَّه ليس من المطلوب منكَ أن تقوم بعمل شيءٍ ابتكاريٍّ، أو تقديم أفكار، فقُم بعملٍ ما هو مطلوب منك فقط بشكلٍ ممیَّز.

مِن أكثر المشاريع التي يفكِّر بها روَّاد الأعمال في البداية المشاريع التقليديَّة مثل المطاعم والمقاهي، فهي فكرة للبداية لأغلب روَّاد الأعمال إن قمتَ فقط بتقديم الطَّعام بشكله الطَّبيعيِّ العادي لا أتوَقع أنَّك ستحقِّق أرباحًا مثل جارك الذي يقدِّم الأطباق نفسها بشكلٍ أجمل، رغم أنَّه يقوم بعمله العادي،

لكن يقوم به بشكلٍ مميَّز غير تقليديٍّ، قِس هذا على كلِّ أفكارك وأعمالك، إن لَم تستطع أن تفكِّر بفكرة عظيمة، ففكِّر في فكرة عادية لكن اصنَعها بشكلٍ استثنائيٍّ يميِّزُك ويجعلُكَ أفضل من "العاديين".

*****

"أكبر حافز لي أن أتحدَّى نفسي وأن أتعَلَّم كلَّ يَوم "
(ريتشارد براسون)

عندما تتحدَّى شخصًا ما؛ فأنتَ تحاوِل جاهدًا أن تتخطَّاه في شيء ما أو في مهارة ما أنتَ تَراها منه فقط، هذا شيء جيِّدٌ بالطبع، لكن الأفضل أن تتحدَّى نفسك لأنَّكَ بتحديك لنفسك فأنت تطوِّر مِن مهاراتك كلِّها أو ستطوِّر من مهارة بها قصور لديك، حتَّى تكون أنتَ الهدف الذي يرغَب الكلُّ بتخطيه، فكِّر في تنمية مهاراتك وأفكارك، تعلَّم كلَّ يَوم شيئًا جديدًا، إن خصَّصتَ لنفسك يوميًا ساعة لتتعَلَّم شيئًا جديدًا فسيكون لديك حصيلة (364) ساعة في نهاية العام، تخيَّل كميَّة المعرفة الَّتي ستتراكم لديك، تعلُّمُك كلَّ يَومٍ حتَّى ولو أشياء بسيطة

53

تطوِّر مِن مهاراتك كلِّها وتنمي تفكيرك؛ لأنَّكَ عندما تتعلَّم تتوَسَّع مدار تفكيرك، وتدخل فكرة جديدة إلى رأسك، فيكون لديك تنَوُّع فكريٌّ، وكلُّ فكرة ستُفيدك في موقفٍ ما حتَّى وإن كانت صغيرة، اجعَل تحديك لنفسك حافزًا، انظر لنفسك على أنك ستصير الأفضل، وترغب في أن تكون شخصًا كاملًا في نهاية المطاف، وبما أنَّه لا يُوجد إنسان كامل فحتَّى إن صرتَ أفضل شخص في العالم ستستمرُّ في التعَلُّم والتطوُّر وتنمية مهاراتك حتَّى تستمرَّ الأفضل بين الجميع.

*****

التعَلُّم مِن تعثُّرات الآخرين للنَّجاح
"أسباب سقوط أقوى علامة تجاريَّة في الهواتف."

لكي يستمِرَّ النَّجاح لا بُدَّ مِن العمل عليه دائمًا وتطويره وعدم التكبُّر أبدًا؛ لأنَّ منحنى النَّجاح مِن الممكن أن ينحدر بكَ في أيَّامٍ قليلة وتصل مِن القمَّة إلى القاع في فترة قصيرة جدًّا، فلكي تستمر لا بُدَّ مِن العمل والتطوير دائمًا، والنظر إلى المنافسين والتعامل بجديَّة مع أيِّ عامل تهديدٍ يطرأ عليكَ

والتعَرُّف على أيِّ جديدٍ يحدث مِن حولك؛ لأنَّ التهديد حتَّى وإن كان صغيرًا، فمِن الممكن أن يعوِّق من عمليَّة تطوُّرك إن لَم تأخُذه على مَحمل الجِدِّ، وبالطَّبع الفرَص لا تتكرَّر؛ فأيُّ فرصة ترى أنَّها ستطوِّر مِن عملك أو دراستك أو مشروعك لا بُدَّ مِن استغلالها على أكمل وَجه.

إذا سألتَ أحدًا مِن الجيل الجديد الآن، هل تعرف هاتف "نوكيا"؟ فمِن بين كلِّ عشرة شباب سيتعَرَّف على هذه العلامة التجاريَّة المتابع الجيِّدِ فقط للتَّكنولوجيا، أي مِن الممكن واحد مِن العشرة سيتعَرَّف عليه، لكن في حال العودة بالزمن عشرين عامًا مثلًا بالرُّجوع إلى وقتِ بداية القرن الحالي إذا سألتَ عشرة أشخاص: هل تعرف "نوكيا"؟ فعشرة أشخاص بالطَّبع سيتعَرَّفون عليه، "نوكيا" كان "أيفون" بداية القرن، فلم يكن هناك بيت إلا وبه أحد هواتف "نوكيا"، بل وكان يتفاخر مَن يَملكُه بأنَّه هاتفه، كانتِ العلامة التجاريَّة شهيرة جدًّا، فكانتِ الأشهر في هذا الوقت في عالم الهواتف، بل وبصفة عامة كانت إحدى أشهر العلامات التجاريَّة في العالم، وما كان أحد يتوَقَّع أن تختفيَ بسُهولة، كانت "نوكيا" تُحافِظ على جَودة هواتفها، وتستثمر فيما هي قويَّة به، فكانت هواتفها شهيرة جدًّا بصلابتها

وقوَّة بطاريَّاتها، فكانت تحقِّق عامِلَين مهمَّين، لهذا كان الجميع يقدر هواتفها.

بدأت شركة "نوكيا" في دولة فلندا في 1865، لَم تبدَأ في مجال التَّكنولوجيا أو الهواتف، بل كان مجالاتها بعيدة كلَّ البُعد عن الهواتف، فكانت شركة صناعة أوراق وأخشاب، لكن تطوَّر بها الأمر فدخلت مجال التكنولوجيا، وطوَّرَت مِن صناعتها، وأصدرَت هواتف "نوكيا"، فكان منافسوها يُبعدون عنها بفارقٍ كبيرٍ لأنَّها كانتِ العلامة التجارية الأقوى في وقتها، أول هاتف صُنع مِن "نوكيا"، هو أول هاتف محمول في التَّاريخ، كان في 1981 وفي تسعينيَّات القرن الماضي كانت الشَّركة تدفع الكثير مِن الأموال للبَحثِ العِلميِّ، وتهتَمُّ بتطوير تكنولوجيا الهواتف؛ ففي تسعينيَّات القرن الماضي أصدرَت "نوكيا" أوَّل هاتف يَعمل عن طريق القمر الصِّناعي، ومِن هنا حقَّقت "نوكيا" أرباحًا هائلة، وكانت أكثر مَن يَبيع الهواتف، وكانت حصتها مِن السُّوق في الهواتف هي الأكبر.

كلُّ هذه العوامل تُوحي باستمرارِ الشركة لمئات السِّنين، لكن على العكس مِن هذا حدث، لشركة "نوكيا"، التي ظنَّت أنَّ الجميع سيَستمر في شِراء هواتفها حتَّى وإن لَم يحدُث أيُّ تغيير به، ورأت هذا في ظِلِّ التطوُّر التَّكنولوجي الكبير الذي كان في

هذا الوقتِ في مجال الهواتف، فاستمرَّت الشَّركة بإنتاج هواتف بنفس التكنولوجيا القديمة في ظِلِّ وجود منافسِين عملوا على صُنع هواتف مع تكنولوجيا متقدِّمة، فتغيَّرَ مفهوم الهواتف مِن عصر الـ"نوكيا" إلى عصر الهواتف الذَّكيَّة، فتراجعَت حصَّة "نوكيا" في السُّوق إلى أن أصبحَت غير منافسة في سُوق الهواتف، ولَم تصبح ذلك الاسم القوي الذي كان يُعتبر الأقوى.

تراجَعَ شركة "نوكيا" وانهيارها يَرجع لعِدَّة أسباب، وتلك هي الأسباب لفشل العديد مِن المشاريع في جميع الشَّركات.

*****

عدم إعطاء المنافِس أهميَّة:

أي منافس يجب أن تضعه في اعتبارك، وأن يكون كل ما يفعله ذا أهمية بالنسبة إليك حتى لا يشكِّل عليك خطرًا مستقبليًّا في تجارتك وأعمالك، فهو مِن الممكن أن يمثِّل تهديدًا لكَ في وقتٍ مِن الأوقات فيجب متابعتُه باهتمامٍ، والتعرف على التقدم الذي يحرِّزه المنافس لكَي تستمِرَّ أنتَ أيضًا في التَّقدُّم، فالمنافسة هي أساس الاستمراريَّة والتطوُّر في أيِّ عمل، فمن

دون منافسة ستستمر الأعمال على ما هي عليه بلا أيِّ تطوُّر، فـ"نوكيا" على الرَّغم مِن ظهور هواتف أيفون، وسامسونج، وظهور أنظمة جديدة معهم بتكنولوجيا متقدِّمة، أهملَتهم "نوكيا" واستمرَّت بتصنيع هواتفها ذات التكنولوجيا القديمة مقارنة مع المنافسين، فكان هذا مِن الأسباب الرئيسيَّة لانهيار "نوكيا".

*****

الاستغلال السيئ لنقاط القوَّة:

كانت "نوكيا" مِن أوَّل أصحابِ الفضل في إدخال تكنولوجيا جديدة في الهواتف، لكن هذا لن يكون كافيًا لأن تستمر في المنافسة الشَّرسة في السُّوق، ولن يُمكنَها هذا من أن تضمن عدم تغيُّر أراء المستخدمِين للهواتف، فلن يستمِرَّ المستخدم في شِراء منتجك لأنَّه فقط يَعرف أنَّكَ الأول في إدخال شيءٍ جديدٍ، أو أنَّه يَعرف أنَّ علامتَك التجاريَّة مميَّزة، لكن لكَي يَدفَع العميل أيَّ مبلغ لا بُدَّ أن يحصل على قيمة فريدة، ولن يحصلَ على أفضل منها عندَ دَفع المَبلغ لمكان آخَر، فكانِ المستخدمون بنفس مبلغ شِراء هاتف "نوكيا" سيَمتلكون هاتفًا متطورًا أكثر

58

مِن خلال هاتف أيفون على سبيل المثال؛ فما الذي سيَدفعُهم لشِراء "نوكيا"؟ فلهذا الاستمراريَّة في معرفة نقاطِ قوَّة المنافسين بالعمل على تطوير لنقاط قوَّتك يَضمن لكَ الاستمراريَّة.

*****

ضَعف الاستثمار في الابتكار:

أيُّ مكان لا بُدَّ مِن أن يضعَ في حُسبانه أنَّ التَّطوُّر وابتكار أشياء جديدةٍ يجب أن يحدثَ، فمجرَّد التقليد لن يجعَلَ منك مميَّزًا، ستكون فقط مثل غيرك، فـ"نوكيا" كانتِ الشركة الأولى في صناعة الهواتف، وكانت مِن أكثر الشَّركات نمُوًّا، بل ونمَت نمُوًّا سريعًا جدًّا عندما كان لا يُوجَد منافس لها في الابتكار، فبَعد أن أصبحَت فقيرةً في نقطة الابتكار وإدخال التَّقنيَّات الجديدة انهارَت، لهذا في عملِك لا تستمِرَّ فقط بنفس النَّمط، بل اعمَل على إدخال وتطوير الجديد في عملك.

*****

المشكلات الداخليَّة:

لَم يكُن هناك تعاون بين أقسام شركة "نوكيا"، فأدَّى هذا إلى ظهور مشكلات إداريَّة وتسويقيَّة، وأدَّى إلى ضعف الشَّركة، لهذا أيُّ مكان عمل لا بُدَّ أن يكون الجَوُّ هادئًا بين الجميع، ويوجد تعاون لأنَّ هذا بالتَّأكيد سيَعمل على نمُوِّ الشَّركة لكن المشكلات والتحزبات تعمل على تخريب الأجواء العامة في المكان.

*****

كانت هذه بعض أسباب تراجُع وانهيار شركة "نوكيا" لكن مؤخَّرًا بدأت تعود وتدخُل الأسواق مَرَّةً أخرى، لكن معرفة مدى تعلُّمِها مِن أخطائها السَّابقة وتداركِها سيَتمُّ التعَرُّف عليه مستقبلًا.

*****

الاقتصاد والتجارة وأخلاقياتهم في الدين الإسلامي

المصارف الإسلاميَّة:

عندما تَذهَب إلى المصرفِ الإسلاميّ تقوم بعملٍ وديعة على سبيل المثال وتأتيك فائدة شهريَّة، قد تتوَقَّع أنَّ لا فرقَ بين المصرف الإسلامي والمصرف التقليديّ لكن بالدراسة عن المصارف الإسلاميَّة تجد أنَّ هناك فرقًا كلِّيًا بين المصارف الإسلاميَّة والتقليديَّة.

في البداية، فإنَّ المصارف التقليديَّة تقوم بجَمعِ نقود مِن المودعين بفائدة (4%) مثلًا، وتقوم بإعطائها إلى عميل آخَر يرغَب باقتراض المال بفائدة (10%)، فمِنها يُعطي البنك فائدة (4%) للمودع ويحصل الربح بمقدار (6%) للبنك نفسه، لكنَّ المصارف الإسلاميَّة غير ذلك تمامًا، المصارف الإسلاميَّة مفهومها أوسع بكثير وواقعيَّة أكثر مِن البنوك التقليديَّة، ومن

وجهة نظري إذا طُبِّقت إستراتيجيَّات المصارف الإسلاميَّة في جميع المصارف فستُفيد الاقتصاد بشكلٍ أكبر بكثير، وتطبيق إستراتيجيَّات وعقود البنوك الإسلاميَّة في البنوك التقليديَّة لن يكون شيئًا جيدًا بالنِّسبة للبنك نفسه إلَّا عند العمل بطاقة أكبر وتَوَسُّع أعلى، لكن بالنِّسبة للمودع ستختلف، فقد تكون أفضل أو أسوأ حسب حالة السُّوق والاقتصاد، وبالطبع ستكون أفضل للمقترضين لأسبابٍ مختلفة، المصارف الإسلاميَّة تحصل الأموال مِن جميع أنواع الودائع، مثل ودائع التوفير، أو الودائع الادِّخارية، أو حسابات الاستثمار، أو مِن خلال الأسهم، وتُستخدم المصارف الإسلاميَّة الأموال في الاستثمارات والتَّمويل سواء للأفراد أو الشَّركات، وأيضًا تستخدم أموالها في الصكوك التي هي مثل "السندات"، لكن السَّنَدات لا تخضَع للأساليب الإسلاميَّة، وإجمالًا تستثمر البنوك الإسلاميَّة الودائع في أغلب الأحيان، في المضاربة في الأسهم؛ فهي الوسيلة الأكثر استخدامًا في البنوك الإسلاميَّة لتحقِّق المصارف الإسلاميَّة ربحًا، وأغلب استثماراتها في الدول العربيَّة يكون بشِراء الأسهم حسب المؤشِّرات الإسلاميَّة.

في كلِّ دولة المصرف التقليدي يَعمل في أغلب الأحيان على الإقراض والاقتراض فقط، لهذا المصارف الإسلاميَّة أوسع

بكثيرٍ من المصارف التقليديَّة؛ فهي لا تُمارس دَورَها كوسيطٍ فقط، بل تكون وسيطة ومستثمرة وتُتاجر أيضًا، كلُّ هذا يُفيد الاقتصاد الكليَّ للدولة بشكلٍ أكبر مِن البنوك التقليديَّة؛ فالمصارف الإسلاميَّة شريك أكبر في التنمية الاقتصادية.

في الودائع الإسلامية عند اختيارك للمضاربة بها قد تخضع الودائع للربح أو الخسارة لكن نادرًا جدًّا، عندما تحدث خسارة معهم لأسباب كثيرة، فهنا أنت تتحمَّل الربح والخسارة عكس البنك التقليدي فلا مجالَ للخسارة معهم، عند الخسارة مع البنك الإسلاميِّ قد يعوِّض البنك الخسارة لرَبِّ المال الذي يُعتبر هو المودع مِن خلال هبةٍ مِن البنك نفسه حتَّى يعوِّضَه لكن هذا ليس شرطًا، ولا يجب الاتفاق على هذا، يُمكن للبنوك الإسلاميَّة تمويل العملاء الراغبين في الحصول على المال للاستفادة به في شِراء عقَّار مثلًا مِن خلال الإجارة المنتهية بالتَّملُّك، كأن يتملك المصرف العقار ويؤجِّره للشَّخص الممول ويَدفع جزءًا مِن ثمَنه شهريًا بجانب الإيجار المتَّفق عليه إلى أن يسدِّد كامل ثمنه، وهذا النوع أكثر استخدامًا في البنوك الإسلاميَّة، أو أن يموِّل البنك مِن خلال المرابحة أو المشاركة المتناقصة ونفسه في تمويل السيَّارات، ويُمكن أيضًا تمويل الشَّركات باستخدام أساليب مختلفة ومتنَوِّعة تُنافِس البنوك

التقليديَّة بها، الفرق ليس كبيرًا بين البنوك التقليديَّة والمصارف الإسلاميَّة في الخدمات المقدَّمة، لكن الفرق الجَوهري في طُرُق الحصول والاستخدام للمال كبيرٌ جدًّا.

مراقبة المصارف الإسلامية:

تخضع المصارف الإسلاميَّة للرَّقابة بشكلٍ أكبر بكثير مِن المصارف التقليديَّة؛ لأنَّ هيئات مراقبتها أكثر، وتختلف أساليبُ الرَّقابة مِن كلِّ دولة إلى أخرى في أساليب الرَّقابة على المصرف الإسلاميّ، فمِن الممكن أن تُراقب هيئة المحاسبة المصارف الإسلاميَّة وتصدِر تقريرًا يتحدَّد مِن خلاله استخدام المصرف للطُّرُق الإسلاميَّة حسب سياسة الدَّولة أم لا، لكن إجمالًا تَخضَع المصارف الإسلاميَّة في جميع الدول المتواجدة بها إلى رَقابة المصرف المركزي لأنَّه هو الجهة المخولة بالمراقبة العامة على المصارف، وهناك هيئات عالميَّة لمراقبة المصارف الإسلاميَّة مثل مجلس الخدمات الماليَّة الإسلاميَّة، وهيئة المحاسبة والمراجعة للمؤسَّسات المالية الإسلاميَّة، ومَجمع الفقه الإسلامي الدولي، والعديد من المؤسَّسات الأخرى الَّتي تختلف أغراضها لكن هدفها المشترك هو تطوير ودعم منتجات التمويل الإسلامي والمصارف الإسلاميَّة بجَميع أنواعها.

الأسهم الإسلاميَّة:

في أغلب الدول الإسلاميَّة في سوق المال يتواجد مؤشر للأسهم الإسلاميَّة، الأسهم الخالية مِن الربا والتجارات المحرَّمة في الإسلام، وأغلب الدول بها أسهم متعدِّدة، وفي مجالاتٍ متنَوِّعة جدًّا، يُمكن الاستثمار بها بالطريقة الإسلاميَّة، فالاقتصاد الإسلامي ليس معقَّدًا للدرجة الَّتي لا يتواجد به أسهم إسلاميَّة، في سوق الأسهم هناك مؤشرات كاملة للأسهم، في أغلب الأسواق الماليَّة في الدول الإسلامية تكون مؤشرات للأسهم الإسلاميَّة فقط، وتخضع لرقابة كبيرة للتأكُّد مِن أنَّها موافقة للشَّريعة.

*****

الرِّبا في الاقتصاد الإسلامي:

لن أتطرَّقَ إلى الفائدة في البنوك لأنَّ بها خلاف كبير في الوقت الحالي، الرِّبا في الإسلام حرام بجميع أشكاله والفائدة بين مقرض ومقترض من دون عقود أو إجراءات عند مبادلة مال بمال، وأخذ مال أكبر هي حرام، وهناك أنواع أخرى مِن

الرِّبا، منها ربا الفضل كأن يَبيعَ ذهبًا بذهب، أو أيِّ سلعة بمِثلها توافِقها في كلِّ شيءٍ، ومِن أنواع الرِّبا أيضًا ربا النَّسيئة وهو بَيع مُنتج بنفس المنتج وأخذه منه مع زيادة في وقت آخر مؤجَّل.

للرِّبا مضارُّ اقتصاديَّة لا بُدَّ أن تذكر، منها أنَّه إذا زاد سِعر الفائدة بشكلٍ كبير، فلماذا سيَقوم مستثمر ببناء مشروع جديد؟ الأفضل له الاستفادة بأسعارِ الفائدة، فبالتَّالي سيَحدُث ركودٌ اقتصاديٌّ وتزداد البطالة، ويؤدِّي إلى أن يزداد الأثرياء ثراءً والفقراء يزدادون فقرًا، وبهذا تقِلُّ الكفاءات بسبب عدم وجود عمل لهم، وتزداد الأسعار بسببِ ندرة الموارد، يجب الأخذ في الاعتبار بمضارِّ الرِّبا الاقتصاديَّة في المجتمع، وعليكَ وعلى أعمالك عند التَّعامل به.

*****

التِّجارة في القرآن الكريم والسنة النَّبويَّة:

تعدَّدت مواقع ذِكر التجارة في القرآن الكريم، وذكرت أخلاقيَّات متعدِّدة لها لأهميَّتها في حياة النَّاس.

ذكر النَّبيُّ محمد – صلَّى الله عليه وسلَّم – أنَّ تسعَة أعشار الرِّزق في التِّجارة، فيرَى النبيُّ أنَّ الرزق قسم منه عشر،

واحد فقط في غير التجارة، والباقي كله في التِّجارة، وهذا واقع حتَّى الآن، فأغنى الأغنياء مِن التجار، ولأنَّ التجارة جزء مهمٌّ في حياة النَّاس كان يَجب وَضع قواعد وقوانين لها، وأخلاقيَّات تساهِم في عملِها حتَّى يتجنَّب المجتمع العشوائيَّة النَّاتجة عن عدَم اتِّباع الأخلاقيَّات والقوانين، وحتَّى تتِمَّ تنظيم عمليَّة التِّجارة بصورة حضاريَّة.

أطول آية في القرآن الكريم تتحدَّث عن الدَّين، وهي مِن الآيات التي تنظِّم الاقتراض عمومًا، وأكثر أنواع الاقتراض شُيوعًا تكون في التجارة؛ فهي آية مِن الآيات المنظِّمة للتِّجارة، الآية تحدَّثَت عنِ الاقتراض بأيِّ صُورة سواء اقتراض مالٍ أو بَيع بضاعة مؤجَّل دفعُها، فذُكرت الآية لحفظ أموال النَّاس بين بعضِها تجنُّبًا للخلافات بعد ذلك.

فأوصى القرآن بكتابة الدَّين حتَّى يكون معلومًا مقداره بعد ذلك بشكلٍ محدَّدٍ وكتابة وقتِها حتَّى لا ينسى أيُّ طرَف موعدَ استحقاق الدَّين، وأمَرَ أنَّ الكتابة تكون بالعدل من دون غِشٍّ، وأوصى بوجود شهود عند الكتابة، عند المداينة بمَبلغٍ كبير.

يكون وجود الشُّهود أمر لا يجب عليك تَركُه فهو أوَّلًا حقٌّ مِن حقوق المقرِض أو الدائن ويحفظ ماله ويجنِّب الخلافات والتَّزوير إن حدث بعد ذلك؛ فهي آية مِن الآيات التي ذُكر بها

العديد مِن القوانين المهمَّة في التِّجارة وتساعِد على حِفظ المجتمع وتقليل الجريمة.

وذُكر في القرآن أيضاً فيما يخصُّ التجارة والأموال ألَّا تعطوا أموالكم للسُّفهاء أي: إنَّ أيَّ شخص لا يُحسِن التصَرُّف في المال عندما يَملك مالًا يبذر أو يُنفِق في أشياء تضرُّه وتضرُّ المجتمع يُعتبر غير راشد فلا تُعطِه مالًا إلَّا لحاجته، ولا تجعله أمينًا على تجارتكَ وأعمالك لأنَّه سيضرُّها بالتَّأكيد، فلا تعطِ لسفيهٍ منصبًا مجاملة، وإن استأمنتَه على منصبٍ راقِبه جيِّدًا.

ومِن الأخلاقيَّات في القرآن أيضًا عدَم الغِشِّ في الميزان، وهي مِن أكثر أنواع التَّلاعُبات التي تحدُث إلى الآن، خلُقٌ مذموم في الإسلام وغير الإسلام يجب منعُه وألَّا تتسامح في حقِّكَ إن اكتشفتَ غشاشًا في الميزان، وذُكِرَت سورةٌ كاملةٌ باسمِ "المطفِّفين" نظرًا لأهميَّة ضبط الميزان والدِّقَّة في الأوزان، وبالطَّبع مِن أكثر المعاملات في التِّجارة التي ورد الذِّكر بتحريمها الرِّبا، فالرِّبا هو عندما تبيع مالًا بمالٍ أو سلعةً بنفس السِّلعة دون اختلاف وأخذِ زيادة لطرَف من الأطراف، ويرَى القرآنُ أنَّ الرِّبا يضُرُّ المجتمعَ ويشجِّع على الإسراف ولا يصون المال، ومَنع الرِّبا مَنع للظُّلم فالرِّبا ظلمٌ، والتعامل بالرِّبا يؤدي إلى أنَّه لن يكونَ هناك تعاون وإخاء بين النَّاس، ومِن الأخلاق التي جنَّبَها

الشَّرع الإسلاميُّ مِن زمنٍ طويلٍ، والآن ظهرَت هيئات لمحاربتها هو الاحتكار، فحرَّمَ النَّبيُّ الاحتكار، والاحتكار هو مَنع منفعةٍ أو سِلعة عن البشر حتَّى يغلُوَ ثمنُها فتتضاعف مكاسبُ التَّاجر، وهو ما نَهَت عنه السُّنَّةِ النَّبويَّة تمامًا؛ لأنَّ مثل هذا الفِعل يضُرُّ بالمجتمَع والكائنات الحيَّة ككُلٍّ، ويصعُب حياة النَّاس فكان لا بُدَّ مِن تحريمها.

ومِن هدي النَّبيِّ ممَّا تعلَّمناه منه كتاجرٍ أن تقفَ على بَيعِكَ بنفسكَ فالإشراف على مالك أمرٌ واجبٌ عليكَ، فلا تترُك بضاعتَكَ بغير إشرافٍ منكَ، حتَّى ولو عيَّنتَ أحدًا مشرفًا عليها وأنت تستأمنه، لكن عليكَ أيضًا بمباشرة عملِكَ بنفسكَ، وأمَرَ النَّبيُّ بالسَّماحَة في البَيع والشِّراء فهو خُلُق عَظيم يحبّب فيك التُّجَّار الذين تبتاع منهم، ويحبِّب عملاءك فيكَ، وأمَرَ بأداء الحقوق لأهلها، وإذا استأجرتَ أحدًا لِيَعملَ معكَ أن تعطيَه حقَّه ولا تَبخَس منه شيئًا، وقوانين ما بعد البَيع أيضًا موجودة في الإسلام فحبَّب النَّبيُّ إذا أراد العميل إرجاع بضاعة رأى أنَّها لا تُناسبُه أو اكتشفَ شيئًا بها لا يُعجبه أن يتقبَّلَها منه التَّاجر إذا كانت بحالتها كما تَمَّ بَيعُها ورُجوعُها لن يضُرَّ التَّاجر، وأمر النبيُّ بعدَم إخفاء العيوب عند بَيع سِلعةٍ فيجب إظهار ما بها مِن عيوبٍ حتَّى لا تدخل ضِمنَ دائرةِ الغِشِّ، والأخلاقيات

كثيرة ومتعدِّدة في التِّجارة في القرآن والسُّنَّة إذا اتَّبعناها فستتغَيَّرُ الأحوال ويصبِح المجتمع أفضل.

*****

نظريات اقتصادية وإدارية مميزة
مفيدة لأعمالك وحياتك

سأسرد هنا بعضَ النَّظريَّات الاقتصاديَّة الحديثة والقديمة لكن بطريقتي، والغرض هنا ليس عرض النَّظريَّة نفسها والإعلام بها، بل الغرَض هو رَبطُها بجوانبَ في الحياة قد تُواجِهُك فنَستفيد من النَّظريَّات الاقتصاديَّة، في الواقع وفي غير الاقتصاد عندما تطبِّقها على نفسك.

نظرية النضج:

إحدى النَّظريَّات الإداريَّة والسُّلوكيَّة تحدَّثَت عن طبيعة الأشخاص أنفسهم وسلوكيَّاتهم، فالشَّخص النَّاضج في هذه النظريَّة هو الشخص الذي يَعتبره الجميع ناضجًا في الحياة العمليَّة؛ والشخص النَّاضج هو النَّشيط وصاحب استقلاليَّة، ويكون أكثر انضباطًا وثقةً بالنَّفس ويفكِّر بعُمقٍ قبل اتِّخاذ

القرارات، وهو شخصٌ إيجابيٌّ يأخذ الأمور بإيجابيَّة، ويتعامل معها على مَحمل الجِدِّ لا يَعتمد على الآخرين في أعماله وتنفيذ أفكاره فيَبدأ بتنفيذ أعماله بنفسه، أمَّا الشَّخص غير ناضج فإذا كُلِّف بمسؤوليَّة أكبر مِن قدراته في نظره يتعامل معها بسلبيَّة فيهرُب، أو يعتمد على شخصٍ آخر، أو يتعامل مع الأمر بلا مبالاة.

طبقًا للنَّظريَّة الأشخاص النَّاضجون يَخرُجُون مِن المواقف السلبيَّة بزيادة نشاطاتهم في أعمالهم، ويقومون بالأعمال التي كُلِّفوا بها باستقلاليَّة تامَّة دون الاعتماد على شخصٍ آخر، ويفكِّرون تفكيرًا بعيدَ المدى، وتفكيرهم يكون بطرُقٍ غير تقليديَّة، وطرُق متعدِّدة لحَلِّ المشكلات، كما أيضاً يكون لديهم طموح عالٍ ويعرفون أهميَّة أنفسهم، ويعرفون قدراتهم جيِّدًا، كما يُمكنهم التحكُّم في انفعالاتهم وفي ذاتهم بشكلٍ مميَّز، وعند التَّواجُد في مكانٍ يكون كلُّ الموجودِين به ناضجِين، فستحقِّق أعلى النَّتائج بأسهَلِ الطُّرُق، ويصبح هذا المكان ذا فعاليَّة عالية.

النُّضج لا يَرتبط بعمُر أو خِبرات، النضج ناتج عن تفكير الشخص نفسه، كُن ناضجًا في جَميع أفعالِكَ، وحاوِط نفسَك بالنَّاضِجين دائمًا ستحقِّق نتائجَ أكثر مِن المرجُوَّة.

نظريَّة الرَّجُل العظيم:

تأثير العُظَماء والمؤثِّرين في التَّاريخ كبير؛ فالعظماء هم مَن لديهم تأثير قويٌّ بشكلٍ كبيرٍ بسبب الصِّفات الَّتي تميَّزوا بها مِن ذكاءٍ وشَجاعة.

وتفترض النَّظريَّة أنَّ مَن لديه القُدرة على الإدارة المُبدِعة، والَّذي يَستطيع بمَهاراته القِيام بنمُوِّ أيِّ مكانٍ، فهو قائد وُلد بصفاتٍ مميزة لديه، وتؤهِّله أن يصبح قائدًا مميزًا، النَّظريَّة حدَّدَت صِفات القائد الَّذي وُلد بصفات فطريَّة لديه تؤهِّله على القيادة والإدارة، والقادة عمومًا يختلفون عن الذين يقودونهم، فالقائد أذكى ومبادر ومثابر وواثق النفس أكثر من المرؤوسين.

هذه النَّظرية غير واقعيَّة حاليًا رَغم شُهرتها، وأنَّها تُدرس في الإدارة إلى الآن، ولا يجب أن تطبَّق مِن وجهة نظري في الإدارة، ذكرتُها لأنَّ هناك الكثير ممَّن يؤمنون بها على الرَّغم مِن أنَّها أثبتَت عدم نَجاحها في العصر الحالي، فليس بالضرورة أن يُولد مَن هو قائد بصفاتٍ قياديَّة، صفات القيادة والإدارة المميَّزة هي صفات يُمكن أن تُكتسب بشكلٍ كبيرٍ ولا شَكَّ أنَّ هناك مرؤوسون أفضل مِن قائدهم، ويقومون بأعمال أفضل مِن القائد لديهم.

القائد هو مَن اجتَهَدَ في نقطة ما أدَّت إلى أنَّه أصبَحَ في مكانه الحالي، لكن ليس بالضَّرورة أنَّه الأذكى أو الأكثر ثقةً بالنَّفس، هناك مَن لديه صفات القائد الَّتي تجعلُه مميَّزًا لكن بسبب ظروف خارجيَّة تؤَدِّي إلى عدَم نَجاح المكان الذي يقوده، وليس بالضَّرورة أن تولد قائدًا بصِفاتٍ تميِّزكَ عن غيرِكَ، لكن الواجب عليكَ أن تكتسب مهاراتِ القيادة، وتَنميها لديك حتَّى تطوِّر أيَّ مكانٍ أنتَ متواجد به.

نظريَّة الألعاب:

واحدة مِن النَّظريَّات الاقتصادية المتطورة الَّتي طوَّرت الاقتصاد مؤخَّرًا، ولها أثر مهمٌّ في الاقتصاد عمومًا ويُمكن أن تُفيد في الحياة إذا قِستَها على مواقف أخرى في غير الاقتصاد؛ لأنَّ لها علاقة بجوانبَ مِن الحياة بشكلٍ عامٍّ، اسمها الكامل نظرية الألعاب والسُّلوك الاقتصادي، وعند نشر النَّظريَّة كان الحدث فكريًّا مميَّزًا؛ لأنَّ مثل أفكارها لَم تكن متداولة في ذلك الوقت، أي عام 1944م، والنظريَّة بصِفةٍ عامَّة لها علاقة بالاحتكار وتضارب المصالح.

نظريَّة الألعاب ترَى أنَّه عند المنافسة فإن إستراتيجيَّاتك الخاصَّةَ لا يجِب أن تعتمد على أفكارك أنت فقط، بل يجب

أيضًا أن تعتمد على أفكارِ مُنافسيك وإستراتيجيَّاتِهم، فعندما تواجه شخصًا أنت تُواجِهه بِفِكرك أنت، لكن يجب أن تضع في الحُسبان تفكير منافسك فتدرس منافسك جيدًا حتَّى تتوقَّع ردود أفعاله على قراراتك حتَّى تكون أنتَ مَن يسبُقه بخُطوة، وتفكيرك يسبُق تفكيره فتتَّخِذ قراراتٍ تُعلي مِن وَضعِك؛ لذا فدراسة السُّوق مهمَّة حتَّى تَبقَى به، مِن هنا يجِب أن تدرس منافسَك حتَّى إن علمتَ أنَّ قراراته سوف تضرُّك فتتَّخذ أنت قرارًا يجعلُك تَسبِقه فيُقلِّل مِن حِدَّة تأثير قراره وأفعاله على أعمالك أنتَ، فدائمًا التفكير أن تكون في الرِّيادة، وأن تتَّخِذَ خطوةً تسبُق جميع مَن يُنافسونك، فهذا سيجعل منافسيكَ يَضطَرُّون لتَغيير خطَطِهم بشكلٍ يؤثِّر بشكلٍ إيجابيٍّ عليك.

إنَّ اتخاذك القرار اليوم قَبل الغد يُربك المنافسين ويغيِّر خططهم، ويجعلك تحقِّق أرباحَ اليوم وتثبِت وُجودك قَبل الجميع، وتجنى أرباحَها اليوم قبل الغد.

في نظريَّة الألعاب كما ذُكر بها يكون هناك لاعبون حسب تقسيمات مختلفة، ويجِب عليهم اتِّخاذ قرارات، واللَّاعبون في هذه النظريَّة يُريدون أن يكون الرِّبح هو الاحتمال الأعلى لديهم، وهي الحالة في أيِّ عملٍ مِن الأعمال الواقعيَّة، ويجِب على المشاركين توقُّع تحرُّكاتٍ وقرارات مَن يُنافِسُهم، وتكون قراراتهم

في الحسبان، فهي كالواقع؛ ففي الواقع يوجد من يُنافسك ويجب عليك اتِّخاذ قراراتٍ لمُواجهة أيِّ منافس لكَ، وتتوَقَّع ردود أفعاله مِن دِراستك للسُّوق ليس بالتَّنجيم وتتَّخِذ قرارًا مناسبًا.

قُسمت نظريَّة الألعاب إلى ثلاثة أقسام:

أولها: اللُّعبة الفَرديَّة وهي سُوق الاحتكار الكامل، في الواقع هنا بإمكانك أن تتَّخِذ قرارات دون التَّفكير في المنافس؛ لأنَّه لا يوجد منافسونَ لكَ، فيكون غَرَضك الوحيد ألا يغضب منكَ المستهلك، إداريًّا وتسويقيًّا، وهذا النَّوع هو الأسهل لكن وجود الاحتكار في الواقع نادر، ويكون في منتجات أو خدمات ضخمة كتوريد الكهرباء للمنازل، في أغلب الدول تكون شركات خاصَّة وتكون شركة واحدة محتكرة، لكن يُمكنُك أنتَ أن تولد أنتَ الاحتكار لنفسك عند ابتكار شيءٍ جديدٍ فتكون أنتَ محتكِره، وتستفيد مِن الفترة التي تكون فيها وحيدًا في السُّوق، والرَّقابة الحكوميَّة في سُوق الاحتكار تكون أشَدّ لأنَّ قرار شخصٍ واحدٍ يؤثِّر على جميع مستهلكي الخدمة أو المنتج، فالرَّقابة الحكوميَّة تكون شديدةً جدًّا في هذا الموقف.

القسم الثاني مِن النَّظريَّة هو اللُّعبة الثُّنائيَّة، وتعتمد على أنَّ هناك منافسَين اثنَين مثل لُعبة الشَّطرنج مثلًا، فيجب هنا اتِّخاذ قراراتٍ حاسمة وأن تكون أفضل مِن منافسِكَ حتَّى تحقِّق نتائج عاليَة، وتكون سابقًا لخُصومك.

والقسم الثالث هي ألعاب صِفريَّة المجموع وهي الَّتي تصِف التَّعادُل الاقتصادي أي: عِند تساوي العَرض مع الطَّلَب أو الرِّبح مع التَّكاليف وهي حالة التَّعادُل الاقتصادي، وهناك إستراتيجيَّات تستخدم في النظريَّة منها إستراتيجيَّة التَّعاوُن بين المنافسين وهو أمر جيِّد جدًّا لصناع الأعمال، خاصَّة عندما يكون هناك شركات قليلة هي المتحكِّمة في السُّوق فيتعاونون حتَّى يقلِّلوا مِن المنافسة السِّعريَّة ويَكسب الجميع ويحقِّقون أرباحًا أكثر، إذا كنتَ رائد أعمال عندما تحتد المنافسة بينك وبين منافسِكَ، وترى أنك متوَجِّه للخسارة بسببِ منافسة سِعريَّة بينك وبين منافسِك، يُمكِن استخدام تلك الإستراتيجيَّة حتَّى تتجنَّب تلك الخسائر النَّاتجة عن السِّعر، لكن يجب أن تكون تلك الإستراتيجيَّة في الاستخدام أن تستخدم كحَلٍّ أخير؛ لأنَّه إذا كانت هناك حلول أخرى كتقليل التَّكاليف أو زيادة إنتاجٍ تؤدي إلى زيادة الأرباح فيجب عليك اتِّباعها أولًا لأنَّ اتِّباع إستراتيجيَّة التعاون قد يحدُث منه جانب سلبي يؤثِّر عليك

بشكلٍ أكبر، وأن تكون كحَلٍّ أخير هو أضمَن في أغلب الأحيان، وعدم اتِّخاذِها، واتِّخاذ قراراتٍ أذكَى قد تؤدِّي إلى ضَغطٍ كبيرٍ على مُنافسِك وقد يضطَرُّ نتيجةً لهذا الضغط إلى الخروج مِن المنافسة كلِّها فتصبح أنتَ المتحكِّم.

ومِن الإستراتيجيَّات أيضًا في هذه النظريَّة هي إستراتيجيَّة التَّرهيب والرَّدع للمنافس الموجود أو المحتمل، فمثلًا مِن الممكن أن تتوَقَّع دخول منافس جديد لكَ فتتخذ قراراتٍ تصعُب مِن عمليَّة دُخوله، أو تجعله خائفًا مِن الدخول إلى السُّوق كالتَّوَسُّع بشَركتِك إن كان لديك القُدرة على ذلك، وإن كان هذا قرار يُرهِب المنافس المحتمل، أو تخفيض الأسعار حتَّى يَرَى المنافس المحتمل أنَّه لن يحقِّق ربحًا بالدخول إلى السُّوق، أو أن تزيد إنتاجك مؤَقَّتًا عند توَقُّعِكَ دخول منافسٍ حتَّى يتشبَّع السُّوق مِنكَ أنتَ.

ومِن أخبثِ الإستراتيجيَّات في نظرية الألعاب هي إستراتيجيَّة التلميح للمنافس، وهي أن تلمِّح لمنافسك بإعطاء إشارة في اتِّجاه وتفعل أنتَ غير ذلك فيَتخِذ هو قرارًا نتيجة لقرارك، وتتخذ أنت قرارًا مغايرًا يقلِّب الطاولة وتكون أنت المتحكم أو الأفضل، كأنك تُعطي إشارةً للمنافسين أنك ستَزيد الأسعار فيسلك المنافس هذا الاتِّجاه أو يتخِذ قرارًا بناءً على

هذا فتراوِغه أنتَ وتتَّخذ أنت اتجاهًا مختلفًا يجعلُك تتفَوَّق على المنافس، ويؤثِّر قرارُك إيجابًا عليك وسلبًا على المنافس.

إذا كان في مقدرتك إيصال الرَّسائل والتَّأثير على المنافس فاتَّخِذ قرارك هذا في وقتٍ مناسبٍ، الوقت الذي سيَجعلُك تحقِّق أعلى ربحٍ؛ لأنَّه من الممكن أن تكون تلميحاتك مفهومة للمنافسين بعد أن تتَّخِذ قرارك الأول؛ فلا تستطيع التأثير بعد ذلك.

والإستراتيجيَّة الأخيرة في نظريَّة الألعاب هي إستراتيجيَّة الالتزام كأَن تستحوذ أو تَندمِج شركة مع أخرى، وكانت الشركتان متنافستَين، فتقِلُّ المنافسة ويَزيد الربح كاستحواذ شركة أوبر على شركة كريم مثلًا.

كلُّ هذه إستراتيجيَّات يُمكن أن تؤخَذ في الحياة العمليَّة، ويُستفاد منها فكريًّا غير اقتصاديٍّ أيضًا.

*****

نظرية الخيار العام:

مَبدَأ النَّظريَّة هو تحليل رغَباتِ النَّاس عند اتِّخاذِ أيِّ قَرار، فسُلوكُ النَّاس وردود أفعالهم وخياراتهم هو أحد مبادئ عِلم

الاقتصاد، ودافع النَّاس عمومًا وهو أحد مبادئ النظريَّة هو تحقيق الرَّغَبات الذَّاتيَّة، الكُلُّ يرى نفسَه هو مِحور العالم على الأقلِّ بالنِّسبة له هو، فهو يعمَل ويجتهد في المقام الأول مِن أجل نفسه؛ فشِراء منتج مِن السُّوق، والتَّعامُل مع السُّوق مِن ناحية المستهلك يكون لتحقيق أهدافه ورغباته مِن خلال المعروض، واللَّعب على رَغَبات النَّاس هو الأساس لنَجاح أيِّ مُنتج أو مشروع أو حتَّى اقتصاد دولة، الأهمُّ لكَ عندما تكون صاحب مشروع ما أن تُظهر أن هدَّفَك الأول والأخير هو خِدمة زبائنك لكن لا يَخفَى عليكَ أنتَ بالطَّبع أنك بدأتَ المكان لخِدمة أغراضك وأهدافك أنت الشخصية.

تفترض النظريَّة أيضًا أنَّ الأسواق تُستخدَم لخِدمة الإطار السياسيِّ أيضًا.

كنتُ في يوم مع أحدِ رِجال الأعمال الكبار جدًّا، وصاحب شركة رائدة، وتقوم بمبادرات اجتماعيَّة كبيرة عندما سألتُه عن المبادرات الاجتماعيَّة الَّتي يقوم بها بشكلٍ دائمٍ ورعايته لمجالاتٍ متعدِّدةٍ رياضيَّة واجتماعيَّة قال حينها: "هدفي الأول هو تحقيق ربح وليس الغرَض هو المبادرة نفسها، سواء كانت المبادرة ستحافِظ على البيئة أو تزيد من نهوض المجتمع وهذا شيء جيد

بالطبع، لكن لا أُطلِق مبادرة إلَّا وأنا واثق مِن أنَّها ستحقِّق عائدًا لي الآن أو لاحقًا وبأساليب مختلفة".

البعض سيختلف مع هذا المنطق مِن جانبٍ إنسانيٍّ لكن الحقيقة أنَّ اقتصاديًّا مبدأه مَنطقيٌّ 100%، وفي النهاية هو يُفيد المجتمع سواء كان غرَضُه تجاريًّا أم إنسانيًّا، لكن بطريقته الخاصَّة.

نظريَّة العرض والطلب:

أوَّل ما يتِمُّ تعلُّمُه في الاقتصاد لمَن يرغَب في دراسته هو العَرض والطَّلَب وأنَّه كلَّما زاد الطلَب على سِلعةٍ ما مع قلَّة العرض فإن السِّعر يَزيد، وعند زيادة العَرض بشكلٍ أعلى مِن الطَّلَب فإنَّ السِّعر ينخفض، وعند تساوي العَرض مع الطَّلَب هنا يتحدَّد السِّعر الحقيقيُّ للسِّلعة عند ما يسمَّى بنُقطة التَّعادُل.

النظريَّة تعتمد على أنَّ السُّوق تنافسيٌّ بشكلٍ كاملٍ، عندما تَزداد الأسعار مثلًا أسعار اللُّحوم في بلدٍ ما والبلد فقيرة فإنَّ الإعلامَ والنَّاس يتوَجَّهون إلى مقاطعة تلك السِّلعة، وهنا يحقِّق الشَّعبُ العادي حتَّى مَن لا يَعلمون شيئًا عن الاقتصاد نظريَّة العرض والطلب بشَكلها الأساسيَّ، لن يستطيع الشَّعب التأثير

في السِّلعة إلَّا عندما يكون المعروض منها أعلى مِنَ الطَّلَب عليها، هنا تَبدأ مطالب المقاطعين بالتحَقُّق وتَنخفض الأسعار، لكن مع العَودة التَّدريجيَّة تزداد الأسعار بشكلٍ تدريجيٍّ مرَّة أخرى، ويُعاود النَّاس الفعل مَرَّةً أخرَى، فهذا ما يَجعَل هناك تذبذبًا في الأسعار دائمًا حتَّى تستقرَّ عند سِعرٍ مناسِب وهو نقطة التَّعادُل، فيها السِّعر الحقيقيُّ للسِّلعة بناءً على العَرض والطلب، وعند اختيارك مشروعًا جديدًا، ابدأ بشيء الطَّلَب عليه أعلى مِن عَرضه لأنَّ هذا ما يحقِّق لك الرِّبحَ الأكثر.

نموذج العرض والطَّلَب هو الأساس الاقتصادي لأيِّ شيءٍ يُباع ويُشترى بداية مِن أسعار السِّلَع الَّتي يَستخدمها الشَّعب بشكلٍ يَوميٍّ إلى أسعارِ العُملات وسوق الأسهم فمبدأ عملها، بناءً على نظريَّة العرض والطلب، والفهم الجيِّدُ لمواقيت العرض والطلب المثاليَّة هو ما يَجعلُك تحقِّق ربحًا في أيِّ تجارة أو استثمار.

مصفوفة بوسطن:

مصفوفة بوسطن هي واحدة مِن الأدوات الَّتي يَستخدمها رجال الأعمال والشَّركات المختلفة إذا رغبتَ باتِّخاذ قرارٍ بعيد المدى، يُفيد المنظَّمة أو يُفيد الشَّخص نفسه، ويُمكن تطبيق

المصفوفة عليك نفسك في قراراتك إذا أردتَ اتِّخاذ قرار في عمل ما، أو فكرة ما بمواصلة العمل والاستثمار فيها أو تَركِها، والمصفوفة لدى الشَّركات ورجال الأعمال يتَّخذونها إذا كان لديهم قرار استثماريٌّ إستراتيجيٌّ أن تحتفظ باستثمار شيءٍ معيَّن، أو أن تخرج منه الآن، المصفوفة تهتم بشيئَين مهمَّين هو معدل نمُوِّ السُّوق والحصَّة السُّوقيَّة.

للمصفوفة أربعة أقسام مختلفة، كلٌّ منها له شكل محدَّد أولها النُّجوم، تعتقد الشَّركة نفسها في هذا القسم أنَّها لها نسبة نمُوٍّ ممَيَّزةٍ، وأيضًا حصَّتُها مِن السُّوق مرتفعة، تخيَّل نفسك أنتَ في وَضع أنَّ فكرتك الَّتي طبَّقتَها تنمو مع الوقت، ويَرَى الجميع أنَّها مؤثِّرة في الوَضع والمكان الَّتي هي به، حتمًا الاستمرار في الاستثمار بها هو القرار المناسب.

القسم الثاني من المصفوفة هو علامة الاستفهام، وفيها يكون النمُوُّ ممَيَّزًا لكن حصَّة الشركة مِن السُّوق قليلة، إذا كانت فكرتُكَ أو عملُك في نفس الوَضع تَنمُو مع الوقت، لكن الآن هي غير مؤثِّرة بشكلٍ كبيرٍ؛ فمواصلة وزيادة الاستثمار بها أمرٌ جيِّدٌ جدًّا حتَّى تصِلَ إلى مرحلة أعلى، وحتمًا ستصِل فكرتُك لأنَّها تَنمو فهي فكرةٌ مرغوب بها.

القسم الثالث هو قسم "البقرة الحلوب"، تكون نسبة نمُوِّ السُّوق قليلة، والحصَّة السُّوقيَّة عالية، هنا أنتَ في مرحلة أنكَ مِن أفضل الشَّركات في مجالك، وتحتاج إلى الاستمرار في الوَضع الذي أنتَ عليه، لأنَّكَ في وَضعٍ جيِّدٍ جدًّا.

القسم الأخير هو قسم "الكلاب"، القسم الأسوأ، وفيه يجِب عليك التوَقُّف عن الاستثمار في مَشروعك أو فكرتك، واتخاذ قرارٍ بالخروج مِن السُّوق أو الابتعاد عنِ الفكرة، إذا أخذَت الفكرة مدَّتها واستمرَّت على وَضعِها، في هذا القسم تكون نسبة النمُوِّ منخفضة، وحصَّتك السُّوقيَّة ضئيلة، بماذا ستستفيد إن واصلتَ الاستثمار؟ لا يُوجَد نمُوٌّ أصلًا، فلن تستفيدَ مِن الاستمرار.

طبق النَّظريَّة على أيِّ قرارٍ أو فكرة لديك بالأسلوب الخاص بك، إذا كانت فكرتك لا تَنمُو وغير مؤثِّرة لا تُكمِل بها أو غيِّرها كلِّيًا حتَّى لا تستنزف مواردك.

*****

84

الهدف الذكيّ:

أوَّل ما يتعلَّمُه طلّاب الإدارة هو كيف يكون لديهم أهداف ذكيَّة وما الهدف الذكي أصلًا، وأفضل نظريَّة للهدف الذكيّ نظريَّة الأهداف الذكيَّة، فالكلُّ يجِب أن يكون لديهم أهداف في حياتهم، سواء أهداف دراسيَّة أو عمليَّة أو أهداف خاصَّة بحياتهم الشخصيَّة، وقبل التفكير في وَضع أهدافك تذكَّر هذه النظريَّة، تحدِّد النظرية أوَّلًا أنَّ هدفَك لا بُدَّ أن يكون محدَّدًا وهي الخطوة الأولى، إذ لا بُدَّ أن تعرف هدفَك، تقول مثلًا هدَفي أن أبدَأ في تشغيل مطعمٍ خاصٍّ بي لزيادة دَخلي، الأشخاص غير الأذكياء هم مَن يعيشون الحياة بلا أهداف، إن لَم تحدِّد هدفًا يطوِّر مِن حياتك فلن تتطوَّر.

الخُطوَة الثَّانية في أهدافك أن تكون قابلةً للقياس فيُمكن قياس درجة الإنجاز بها، كأن تحدِّد أن يَزيد دَخلُك مِن خلال المطعم 30%، ومقارنة أهدافك بأعمال أشخاص آخرين أو حتَّى أعمالك أنت الشخصية وإنجازاتك السابقة تُفيدُك وتجعلك تقيس مدى تطوُّرِكَ.

الخطوة الثالثة في الهدف الذكيِّ أن يكون يُمكن تحقيقه فلا تتَّخذ مواقف وأحلامًا وتوقُّعاتٍ غير منطقيَّة لن تتحَقَّقَ.

الخطوة الرَّابعة أن يكون الهدف مِهمًّا بالنِّسبة لك، غالبًا إن فكرتَ في هدفٍ؛ فهو مهمٌّ بالنِّسبة لكَ وذو صِلةٍ بأهدافك وأعمالك، لهذا يجب أن تحقِّق الاستفادة القُصوَى منه، وأن تعمَلَ لأجله بكلِّ جِدِّيَّة حتَّى يتحقَّق.

الخطوة الأخيرة أن يكون الهدف ضِمنَ إطارٍ زَمنيٍّ فتحدِّد متَى سيَبدأ مطعمك بالعمل وتوليد أرباح لكَ.

والأهداف ضِمن عقلِ كلِّ شخصٍ فينا، فاكتُب أهدافك وحدِّدها بِدِقَّة، وتأكَّد مِن أنك قادر على تحقيقها، ولا تتَّخذ أهدافًا لن تحدُثَ وغيّر منطقيَّة بالنِّسبة لوَضعِك، فمعرفتك حدود قدراتك واستثمارها والعمل بأقصى طاقتها هو أهمُّ العوامل للاستمرار.

الاستثمارات الحديثة

سوق الأسهم "البورصة":

سُوق الأسهُم هو أكثر الأسواق التِّجاريَّة تنظيمًا والأكثر رقابةً يُمكِن مِن خلالها أن تشتريَ أسهمًا لأيِّ شركة مدرجة، يوجد شروط كثيرة لكَي تنضَمَّ الشركات إلى سوق الأوراق الماليَّة تختلف حسب كلِّ بلَدٍ، لكن إجمالًا الشَّركات الصَّغيرة والمتوَسِّطة غالبًا لا تكون في البورصة، فالبورصة مؤشِّر لاقتصاد الدَّولة، وأسواق الأسهُم تتأثَّر تأثُّرًا كبيرًا بالقرارات الاقتصاديَّة التي تتَّخِذها الدَّولة وتتأثَّر بأسعارِ الفائدة والأحداث السياسيَّة وغيرها، فالبورصة غالبًا تعكس حالة الدَّولة اقتصاديًّا، ونادرًا ما يُوجَد ثريٌّ لا يَستثمر في البورصة، فالاستثمار في البورصة في أيِّ دولة في شركات أمِنة، وتحقِّق عائدًا مُرضيًا يكون أفضل مِن الودائع في أغلب الأحوال، يُوجَد نوعان مِن المستثمرين في البورصة:

الأول مستثمر طويل الأجل، يختار شركة أو عِدَّة شركات ويَدفع مبلغًا لا يحتاجه الآن على أمل تحقيق عائد مُرضٍ في المستقبل.

النَّوع الثَّاني هم المضاربون، والمضاربة هي أن تشتريَ سهمًا الآن وعند الارتفاع تَبيعه فتحقِّق ربحًا، هو الفَرق بين سِعر البَيع وسِعر الشِّراء، وتوجَد أدوات ماليَّة كثيرة عند دخولك لأسواق المال تساعِدك على الاقتراض، إجمالًا التَّعامُل مع البورصة سهل لكن به الكثير مِن المخاطرة، فيجِب أن تتعلَّم أساسيَّات التَّداول قَبل البدء، وتتعلَّم مِن الجميع وتتخِذ أفكارًا من الاقتصاديين والمضاربين المميَّزين، وأن تتابع أخبار الشَّركات الَّتي تستثمر بها؛ لأنَّ أيَّ خبر خاص بسَهمٍ شركتِك يؤثِّر عليكَ فيجب أن تكون على اطِّلاع ومعرفة بالأحداث الاقتصاديَّة والمعاملات الماليَّة في الدَّولة، ولا تتخذ قرارًا عاطفيًا أو حسيًا من دون معلومات.

اختيار التَّوقيت المناسب للبَيع والشِّراء يعدُّ المهارة الأهمّ الَّتي يجب أن تكتسبَها، ويجب ألَّا تكون متسرِّعًا سواء بالبَيع أو الشِّراء عند الرِّبح وعند الخسارة، قُم بالشِّراء بناء على أحداث جَوهريَّة متوَقَّعة للسَّهم أو تحليل ماليٍّ لسَهمٍ واتخذ القرار

المناسب، ويُمكِن أن تحصُلَ على الأرباح مِن الشَّركة التي تَملك أسهُمَها مِن طريقتَين:

أولهما؛ الفرق بين سِعر البَيع وسِعر الشِّراء.

الثانية؛ تَوزيع الأرباح على المساهمِين، فأغلبُ الشَّركات تحقِّق ربحًا فتوزِّع منه جزءًا على حاملي الأسهم، في الغالب تحتجز الشَّركات جزءًا مِن الرِّبح وتوزِّع باقي الأرباح على المساهمِين بالتَّساوي بنسبة مِن القيمة الاسمية للسَّهم، والجزء المحتجز تطوِّر بها الشَّركة نفسها فتزيد مِن قيمة السَّهم، وأحيانًا تختار الشَّركات عدَم توزيع أيِّ أرباح واحتجاز جميع الأرباح لتطوير الشَّركة والتَّوَسُّع، وهذا يُفيد حاملَ السَّهم أيضًا؛ لأنَّ قيمة السَّهم تَزداد وترتفع، ونادرًا ما تُوزِّع الشَّركاتُ جميعَ الأرباح الَّتي حقَّقتَها لأنَّ كلَّ الشَّركات ترغَب في التَّوَسُّع في العام القادم وزيادة الأرباح، إجمالًا سُوق الأسهم بحرٌّ كبيرٌ لكن السِّباحة به سهلة، فالعمل به سَهل مع العِلم، فهو يتطلب علمًا جيِّدًا وتركيزًا في القرارات حتَّى تحقِّق ربحًا وتتجنَّب الخسائر كبيرة أو صغيرة.

وعلى كل حال، غالبًا ما تكون أرباح سوق الأسهم أفضل مِن الودائع بالنِّسبة للمستثمر طويل الأمد، وبالنسبة للمضارب مِن

الممكن أن يحقِّق ربحًا يَوميًّا يُعادِل أرباح الوديعة في عام، لكنَّ الأهم التَّركيز والعلم وحُسن الاختيار.

*****

العملات الرقميَّة:

العملات الرقميَّة هي من أوجه الاقتصاد الحديث، تتخذ بعض الدول منها موقفًا سلبيًّا لأسباب مختلفة، وترحِّب بها بعض الدول وتقبَّل بها، تختلف العملات الرقميَّة اختلافًا كلِّيًّا عن العملات التي نتعامل بها في الطبيعة الورقيَّة والمعدنيَّة، فهي عملات موجودة بشكلٍ رقميٍّ فقط، لكنَّها تأخذ شكلَ العملات العاديَّة في الخصائص، وفي بعض الدول والشَّركات يقبَل بالدَّفع بها كعملة مقبولة.

الاستثمار في العملات الرقميَّة مليء بالمخاطرة فتتغيَّر أسعارُ العملات الرقميَّة بسُرعة كبيرة جدًّا، وشاهَدنا قفَزات "البيتكوين"، العملة الرقميَّة الأشهر على مدى سنوات بسيطة، كيف ارتفعت ارتفاعات عالية جدًّا، لكن كان هناك انخفاضاتٌ كبيرةٌ ومُقلِقة أيضًا.

العُملات الرقميَّة عُرضة للاختراق والقرصنة فلا يُوجَد محفظة أمِنة بنسبة 100%، وحدث هذا في الكثير مِن محافظ العملات الرقميَّة، تكرَه بعض الدول التعامل بالعملات الرقميَّة لأنَّها أسهل طريقة لغسيل الأموال والتهرب الضريبي لهذا بعض الدول لا تقبَل بها، ولا يجوز التعامل بها داخل مثل هذه الدول، إجمالًا حقَّق بعضُ الأشخاصِ رِبحًا هائلًا مِن العملات الرقميَّة لكن في المقابل خسِرَ الكثير مبالغَ كبيرةً بها.

العملات الرقميَّة لن تصبح أمنة 100%، إلَّا إذا كانت تحت إشرافِ حكوماتٍ، وبالفعل بدأت دول كثيرة في إصدار عملات رقميَّة خاصَّة بها حتَّى تصبح العمليَّة أمنة، حينها سيكون الاحتفاظ بتِلك العملات الرقميَّة والاستثمار بها أكثر واقعيَّة وأمانًا.

*****

التِّجارة الإلكترونيَّة:

التِّجارةُ الإلكترونيَّةُ العُنصر الأهمُّ في الوقت الحالي في التِّجارة، في الوقت الحالي يُمكنكَ أن تبدَأ مَشروعك من دون أن يكون لديك مكانٍ حتَّى لتضعَ فيه بضائعَك.

وَيُمكِن أن تصِلَ للكثير مِن العُمَلاء مِن دون أن تُعلِن حتَّى عن نفسك، ويُمكنك أن تَبيعَ خدماتِك لأشخاصٍ مِن دول لَم ولن تزورَها، الوَضع أصبح أسهل الآن فقط عليك البدء، ويُمكِن أن تبدَأ مشاريعك مِن دون أيِّ رأسِ مالٍ عندما تكون مَوهوبًا في شيءٍ ما فتَبيع مواهبَك كالتصوير أو الرَّسم، كلها أشياء يُمكنُكَ بَيعُها مِن دون مكانٍ أو تسويق أو رأس مال.

إنَّ وسائل التواصل الاجتماعي سوق كبيرة جدًّا، يُمكنك أن تَبيع أيّ شيء تَملكه فيها، وتقوم بالتَّسويق لنفسك وتصِل إلى الكثير مِن العملاء، حتَّى إنَّ التَّسويق أصبح أسهل جدًّا بها فيُمكنك أن تحدِّد بدِقَّة عملاءك حتَّى تضمَن أنَّ تسويقَك يصِل إلى عملائك المستهدفين.

التِّجارة الإلكترونيَّة هي الأفضل في الوقت الحالي، وستتراجع التِّجارة التقليديَّة في المستقبل مع انتشار التِّجارة الإلكترونيَّة، وقد بدأ ذلك فِعلًا فالعَصر القادم للتِّجارة الإلكترونيَّة.

رئيس إحدى الشركاتِ الكُبرى في العالم، وأحد أغنَى رجالِ العالم هو جيف بيزوس أصبح كذلك بفضل أمازون، وهو أكبر تطبيق للتِّجارة الإلكترونيَّة، فالتَّاجر الذَّكيُّ هو مَن يفكِّر في أساليب جديدة للتَّرويج لبضاعته كرائد أعمالٍ جديدٍ، إن كنتَ

تفكِّر في البَدءِ بالتِّجارة الإلكترونيَّة فهو أمر مميَّز جدًّا، وسيوَفِّر عليك جُهدًا وعناءً وبتكاليف قليلة، البدء بها فكرة مثالية في أيِّ مجال حتَّى أنَّك ستتعَرَّف السُّوق وتتوَقَّع مدَى الأرباح قَبل البَدء.

*****

خواطر اقتصاديَّة

يروج بعض مدرِّبي التَّنمية البشريَّة على أنَّ الحياة سَهلة والنَّجاح أسهل، كل ما عليك فعلُه هو الاشتراك في الدَّورة الخاصَّة بهم، ادفَع ثمنَ الاشتراك معهم فقط حتَّى حضورك غير مهمٍّ بشكلٍ كبيرٍ.

*****

تقوم بعمل وديعة بعائد 3% مع البنك الأفضل، فهل كنتَ تعتقد أنَّ المبلغ الذي أودعتَه إذا لَم يحقِّق عائدًا لا يقلّ عن (10%)، كان سيقبله منك البنك؟ ابدَأ مَشروعَك وحقِّق الـ(10%) بنفسك، ومجهودك أفضل مِن وَضعِهم في البنوك.

*****

في بعض البلاد الآن يذهَب المودعون إلى البنك ويحصلون على ودائعهم بالقوَّة، كان هدفهم الحصول على عائد الوديعة بشكلٍ أكثر أمانًا، فأصحاب المشاريع المُخاطرة الآن وَضعهم المالي أفضل ممَّن أودعوا في البنوك.

هل مَن هو أغنى منك أكثر سعادةً منك؟ لا أتوَقَّع الموضوع كله له علاقة بالرِّضا عن وَضعِك الحالي.

*****

قد تكون أغنَى رجُلًا في العالم، لكنَّك غير راضٍ عن وَضعِك فتكون أتعَس أغنَى رجلٍ في العالم.

*****

السَّعادة لا تُقاس بالمال، لكن كلَّ الوسائل الَّتي تجلَب السَّعادة تأتي مِن خلال المال.

******

95

دائمًا اسأَل، لماذا يستمِرُّ في العمل مَن لَدَيه ثَروة تتخَطَّى
المِلْيار، متَى سيُنفِق هذا الشخص 1000 مليون يَملكُها؟ لم هو
مُصِر على الشَّقاء رَغم أنَّه يستطيع الاستمتاع بكلِّ لحظة؟
سأظَلُّ أعمل حتَّى أصلَ إلى أوَّل مليار، وأُجيب نفسي على هذا
السؤال.

اجتهِد واعمَل بجِدٍّ، وكافِح إلى أن تصلَ إلى مَرحلَة تقول فيها
لمَن يُريد أن يتعلَّمَ مِنكَ: "المال ليس كلّ شيءٍ."

*****

أتوَقَّع صاحب مقولة: "المال ليس كلّ شيء"، كان خائفًا مِن
الحسد لا أكثر.

*****

مِنَ المُمكِن أن يكون المال ليس كل شيء حقيقة، فالصِّحَّة
أهمُّ على سبيل المثال، لكن هل الفقير لا يمرَض؟

*****

المال كلُّ شيء في الحقيقة حتَّى وإن كان هناك أشياء لا تُشترَى بالمال، فالمال يساعِدك في الحصول عليها.

عندما تكون لديك فكرة تتوَقَّع أنَّ تطبيق الفِكرة سهل، وفكرتك ستتحَقَّق بسُهولة جدًّا، وكلُّ شيءٍ متوافر وسهل الحصول عليه، لكن عند التَّطبيق صدقني ستصبح أصعب عشر مرَّات عن تفكيرك، في التطبيق تظهَر عَقَبات لَم تتوَقَّعها.

*****

ستظَلُّ راضيًا عن راتبِك وأمورِكَ الماليَّة حتَّى تزيدَ متطلَّباتك الشَّخصيَّة، وقبل أن تَزيد مِن متطلَّباتِك الشَّخصيَّة، فكِّر في مصدر دَخلٍ إضافيٍّ.

*****

لا تخبِر جاهلًا عن أحلامك وطموحاتك أو أعمالك الَّتي تعمَل عليها الآن، سيحبِّطك ويهدم أحلامَك ويُضعِف مِن طمُوحاتك، ويُوقف أعمالَك الَّتي تعمل عليها الآن، الجَهل له تأثير سحريٌّ.

منافِس مُفكِّر يُنافِسُك في عملِك خيرٌ مِن صديقٍ جاهلٍ يزوِّدُك بأفكار

*****

هل سأقضي حياتي وعليَّ دِيُون؟

هذا السؤال يَسألُه شخص راتبَه خمسة آلاف، ومصروفاته سبعة آلاف، بالطَّبع ستَبقَى مديونًا أو مسجونًا، وازِن بين دَخلِك واحتياجاتِك طالما أنَّكَ لا تستطيع زيادةَ دَخلِك، هذا هو الطريق الوحيد أمامك.

*****

إذا كانَت لدَيَّ فُرصةً لاختيار وزير للاقتصاد، بعد النَّظر لسيرته الذاتيَّة سأرى كيف يُدير مصروفات منزله كأحد متطلَّبات التحاقه بالمنصَب؛ لأنَّها تُوحَى بالكثير عن شخصيَّته وتصرُّفاتِه.

الأسعار ستظَلُّ في ارتفاعٍ دائمٍ، وللعلم هذا مُؤشِّر جيِّدٌ على قوَّة الاقتصاد طالما أنَّها بشكلٍ مَنطقيٍّ، لهذا نوِّعْ مصادر

دَخلِك حتَّى لا تكون زيادة الأسعار مشكلة بالنِّسبة لكَ، ولا تجالِس الجاهل، والمُحبط، وسيِّئ الخلق.

*****

تأتي الفرصة أمامه ويفوِّتها لأنَّها لن تحقِّق الرِّبح الذي يرجُوه، وبعد تفويتها يقوم بها شخص آخَر ويَنجح نجاحًا باهرًا فيَندم، وغالبًا لو أنَّه هو مَن قام بالفِكرة لفشلَت.

*****

ينظر إلى سِعرِ قطعة الأرض اليوم فيرَى ثمنَها مليونًا، ثُمَّ بعد عشرين عامًا ينظر إليها ويرَى أنَّ ثمنَها خمسة ملايين، فيقول في نفسه: "لقد فوتُّ على نفسي ربحًا عظيمًا؛ فقد زاد ثمن الأرض خمسة أضعاف".

عزيزي لو استثمرتَ ثمنَها في أسهم أو مشاريع قبل عشرين عامًا أو تاجرتَ بها لصار المليون أكثر من خمسة ملايين، الاستثمار في الأراضي ليس الاستثمار الأفضل.

إذا كنتَ تَبيع عَبوة ليتر الحليب الواحد بعشرة، ثُمَّ بعدها أصبحَت بأحد عشر؛ لأنَّ الأسعار ارتفعَت عليكَ، فسيَدعو عليكَ النَّاسُ، لكن إذا بِعتَ في نفس العبوة لكن تسعمائة لترٍ، فسيقول النَّاس إنك الوحيد الذي لَم ترفعِ الأسعار ويدعون لكَ رَغم أنَّ ارتفاع السِّعر واحدٌ، نقِّذ أفكارَك بذَكاء.

*****

إذا كنتَ في بلَدٍ فقيرٍ يُعاني مِن الفَقر وانخفاضِ العُملة واقتصادٍ سيئ، فقَبلَ أن تضع نقودَك في البنك ودِّعها ففرصة أن ترى قيمتها أقل أكثر بكثير مِن العائد السنويِّ الذي ستجنيه.

*****

السُّوق السَّوداء هي السُّوق الَّتي ترى فيها الأسعار الحقيقة، وترى فيها فشل المسؤولين عن الشَّيء الذي تضطرُّ لشِرائه مِن سوق سوداء.

أسهَل حِيلة لتوَقُّع المشكلات في فِكرتكَ قَبل بدايتِها أن تخبِر النّاس أنكَ بالفعل بدأتَ بها، حينها سيَبدَأ كلُّ شخص بتعداد المشكلات والعيوب في فِكرتك، خُذها منهم وابدَأ بإيجاد حلولٍ لها قَبل البدء بالتَّنفيذ.

*****

الوقوف والحُزن على ما فقدتَّه يُفقِدك وقتًا يمكنُك فيه إعادة ما فقدتَّه أنتَ.

*****

أكبَر خسارةٍ هي ليست خسارة مالٍ، بل وفاة أشخاصٍ غاليين جدًّا عليك، أي خسائر في الحياة تستطيع تعويضها إلّا تلك.

حقًّا لَم ييئَس أصحاب إعلانات الإنترنت، هل ربحتَ هاتفًا أو مبلغًا ماليًّا إذا سجَّلتَ بياناتِك؟ هل هناك مغفل يسجِّل بياناته لديهم على أملِ الرِّبح؟ دائمًا لا يوجَد ربحٌ بهذه السُّهولة.

قال لي: "لا تخجل أن تطلب نقودَك الَّتي أقرضتَها لصديقك منه، في النُّقُود تعامَلْ مع أخيك كالغريب هذا مبدأ لدَيَّ."

*****

مواقع التَّواصل الاجتماعي هي المكان الذي ترى فيه الجانب الجيِّد لحياة الجميع، لا تعتقد أنَّ حياتَهم كما يعرِضونها دائمًا، فنادِرون هُم مَن يُعرِضون جانبَهم غيرَ الجيِّد عليها، ولن يحبَّ أحد أن يرَى أخبارهم السيِّئة بشكلٍ دائمٍ.

*****

تفقد نَشوة الانتصار عند الأرباح المتتالية، وتعطيك الحياة الخسائر في الوسط لكَي تجعل هناك روحًا للحياة، ارضَ بخسائرك وتعامَل معها حتَّى تفرَحَ بانتصاراتك.

ينفِق الكثير مِن المال على شِراء ساعة فاخرة جديدة، أو حذاء غالٍ، أو أشياء ليست من أساسيَّات احتياجاته، أخي لن يُقرِضَك الحذاء أو السَّاعة أو المبلغ المالي عندما تحتاج، الكماليات الغالية اشترِها عندما يكون لديك فائض ماليٌّ كبيرٌ.

يتَّصل بي ويعرض عليَّ طريقة تجعَلُني أربح ألف دولار شهريًا مقابل مائة دولار مِنّي، لو هي حقيقيَّة وطبَّقَها على نفسه لما اتَّصَلَ بي.

*****

مِن أكثر المهن خطرًا وتعبًا هي مهنة الطب، أستغرب أنَّه نادرًا ما يوجد أطبَّاء أغنياء جدًّا، في الحقيقة هم يستحقُّون وَضعًا أفضل في كلِّ البلاد.

*****

إذا أراد المهندس أو الطبيب تحقيق ثروة، فإنَّهُ يتَّجه لإدارة الأعمال، فماذا عن الـ(100%) في الثَّانوية؟ أهم مِن المسمَّى الوظيفي والتخصص الدراسي في الوقت الحالي هو حالتك الماديَّة، لا تجعَل ابنك يقع في فخِّ كليات القمة، اجعَله فقط يفعل ما يحبُّ.

أيَّ مبلغ تحتفظ به في منزلك يوميًا قيمته تقل، حتَّى لو كان بأقوَى عملة.

منافسة نفسك والتفَوُّق عليها هي أفضل المنافسات وأكثرها شَرَفًا.

*****

الأكثر ذكاءً هو مَن يحقِّق أعلى ربحٍ وأكثر عائدٍ، المال ليس له علاقة بالجُهد والتَّعب الجَسديّ، لو كان الجُهد الجسديُّ له علاقة بتكوين مالٍ لكان عمَّال البناء أثرَى أثرياء العالم.

يَحلم بأن يحقِّق أرباحًا وهو نائم في المنزل مثل كبار رجال الأعمال، هل تعرف كم تعب هذا الشخص في بدايته كي يحقِّق ربحًا وهو نائم؟

*****

أتوَقَّع أنَّ تعليم مبادئ التِّجارة للأطفال مفيدة أكثر مِن تدريس الجغرافيا، ماذا سيُفيد الطفل إن عرف أنَّه يسكن في دولة تقع بين دائرة عرض (0-8) شمالًا وجنوبًا؟

إذا حصلتَ على قرض مِن البنك، لا تحصل عليه لشراء سيَّارة جديدة أو أيّ رفاهيَّات أخرى، إن لَم يولد لك القرض هذا أرباحًا أعلى مِن فائدة البنك، فاختيارك للقرض سيئ.

*****

لَم أرَ شخصًا في الطبقة المتوَسِّطة حصل على قرض إلَّا وعانَى كثيرًا منه، ويقول لو عاد به الزمن لما حصل عليه، رغم كلِّ التجارب السيِّئة مع القروض، ترى أغلب الناس أول ما يفكِّرون به عند حاجتهم للمال هو الحصول على قرضٍ مِن خلال البنوك رغم عِلمِهم بمعاناة مَن سبَقوهم.

*****

أغلب مَن في السُّجون بالجرائم المالية سبب وجودهم في السجن هي القروض، لهذا فكِّر جِدِّيًا قبل أن تحصل على القَرض في كيفية تسديد القرض وفوائده حتى القسط الأخير قبل أن تَبدَأ بإجراءات الحصول على القرض.

يشتري ساعةً بالآلاف لكَي يتفاخرَ بها، لكن عند شِراءِ شيءٍ أكثر أهميَّةً مِن الساعة ولا مجال ليتفاخَر به، فإنَّهُ يشتري النسخة الصينية المقلدة، وعندما تتلَف سريعًا يَبدأ في السبّ في الصين، هل هذا ذَنبُ الصِّين أنَّها وَفَّرَت لك بدائل أقل تكلفة؟!

*****

لا أعلَم، لولا الصِّناعات الصينيَّة كيف كانت ستكون الأسعار في العالم الآن، لا أعلم أصلًا كيف يقوم الصينيُّون بصُنع ما لديهم مِن جميع الصِّناعات بتلك التَّكلفة القليلة جِدًّا.

أتمَنَّى أن تنظر حكومات البلاد الَّتي بها زيادة سُكَّانيَّة إلى الصِّين، وكيف أنَّها استثمرت بالزيادة السكانيَّة لديها، أتوَقَّع أن هذا أقل تكلفة وأكثر واقعيَّة مِن إعلانات تنظيم النَّسل.

*****

يحلم بمضاعفة راتبه كي يزيد مِن رفاهيَّته الشخصيَّة، لو كان يحلم بزيادة راتبه لاستثمار الفائض لكان الحلم قيِّمًا بشكلٍ أكبر بكثير.

*****

تتَّفِق حكومات الدول الفقيرة مع الدول الغنيَّة على توريد العمَّالة العاطلة لديهم كي يزيدوا الدول الغنيَّة غِنًى، ولن تستفيدَ الدول الفقيرة فعليًّا مِن هذا التَّصدير، في رأيي الأفضل أن يسألوهم لماذا يريدونهم هناك ويستغلون تلك العمالة في بلدهم؟

*****

يطلب زيادة في الرَّاتب (5000)، وهو يريد (1000) فقط، لأنه يعلم أنَّ مديره لن يوافق على أكثر من (1000)، فيخرج هو بالألف ويشعر أنه منتصر ويشعر المدير بالنصر أيضاً لأنه لم يدفع (5000)، ولو كان طلب (1000) فقط في البداية، كان ممكن أن يخرج بـ(500) زيادة فقط.

الإستراتيجيَّة الأذكى دائمًا: "نظرية الباب في الوجه"، قُم بها مع مديرك أو عائلتك أو أيِّ شخص تطلب منه شيئًا، وستَنجح في أغلب الأوقات، واحذَر أن تقع أنت بها.

*****

يأخذ قرضًا لكَي يشتريَ سيَّارة فارهة، وعندما تتزايد الأشياء الخاصَّة به في الحياة ولا يستطيع دَفعَ أقساط القرض، فسيصبح صاحب أفضل سيَّارة في السِّجن، فكِّر جِدِّيًا قبل الاقتراض.

*****

على الرَّغم منَ الانتقادات الدائمة لمنصَّات التَّواصل الاجتماعيِّ إلَّا أنِّي تعلَّمتُ مِن "الإنستغرام" و"فيسبوك" معلومات أكثر قيمة ممَّا تعلَّمتُها في المدرسة، تعليمُ محيطِك صغارًا وكبارًا طرُقًا صحيحة لاستخدام منصَّات التَّواصل والأماكن المفيدة بها أفضل مِن انتقاداها لأنَّها واقع ولن يتغيَّر،

فلا بُدَّ مِن التَّعايُش معها، والاستفادة القُصوَى مِن المعلومات المفيدة فيها.

*****

كلَّما رأيتَ مَن يُحبط أفكارَك ومَشاريعَك ويقلِّل منها، تذَكَّر أنَّ مخترع الهاتف نفسه نال انتقادات في مجتمعاتنا في بدايتها، الهاتف الذي هو الآن الجاهل هو مَن لا يستطيع استخدامَه.

*****

البنك الدولي يقرض الدول الفقيرة لمساعدتهم على الازدياد فقرًا.

اطلُب ما تُريده دائمًا، الحياء عدوُّ النَّجاح، اطلُب نقودَك التي اقترضها صديقك منك حتَّى لا تضِيع عليك، لا تستحِ في العِلم أو التجارة، الحياء الوحيد المحمود الحياء في الخُلُق.

ابتعِد عن الأشخاص الاستغلاليِّين، في العمل لا مجاملات، لا تكن أنت شخصيَّة استغلاليَّة أيضًا؛ فهي مِن أسوأ

الصِّفات، الشَّخص الذي تستغِلُّه في شيء يعرف أنك تستغله وسيبتعد عنك مع الوقت.

*****

التفَوُّق الوهميُّ هو أن تعتقد أنَّكَ على علمٍ بكلِّ شيءٍ وأنك الأفضل في كلِّ شيء، صِفة عدوَّة لك أنت جدًّا تُعطيك إشاراتٍ مختلفةً، وأحيانًا غير صحيحة عن نفسك غير الَّتي يَراها الناس فيكَ، تحدَّث فيما تعرِفُه فقط، واعرِف نفسَك وأعطِها حَجمها لا أكثر مِن ذلك ولا أقلَّ.

*****

لا تكن الشخص أكثر تشاؤمًا في المكان حتَّى لا يَكرَه النَّاس مجالستَك، ولا تكنِ أكثر تفاؤلًا في المكان حتَّى لا تعطيَ معلوماتٍ خاطئةً، كُن معتدلًا في عواطفك، أعطِ الأمور حقَّها فقط.

لا تشتِّت عقلَك بمَشاريع متعدِّدة أو صقِّل مهاراتٍ كثيرةً، أو تعلَّم أشياء كثيرة متنوِّعة، ركِّز على الأهداف هدفًا وراء

هدف، والمهارات مهارة وراء مهارة حتَّى تتقنَها وبعدها تعلَّم التّي تليها.

*****

الفِكرة هي بداية الثَّروة، الفِكرة الَّتي بين يدَيك الآن قد تدر لكَ أكبر دَخلٍ لك في المستقبل، ابدَأ في تنفيذ أفكارك، الفِكرة مهما كانت جيِّدةً ستظل فكرةً غير مفيدة إلى أن تنفَّذَ.

*****

المال أم الصحة؟ سؤال محيِّر جدًّا لكن أفضل الرياضيين يصابون بالأمراض، فكيف ستعالِج نفسك من دون مال؟

لا تستثمِر كلَّ ما تَملك دائمًا، اجعَل لديك فائضًا ماليًّا، سيُفيدُك في وقتٍ ما ويجنِّبكَ خسارة في أغلب الأحيان.

لا تأخُذ برأيِ المتشائم دائمًا، ولا المبالغ في التَّفاؤل، خُذ برأي الأسوياء.

*****

عند بدايتك في أيِّ عملٍ فكِّر به على المدى الطويل، توَقَّع مشكلاتِه وأوجِد حلولًا لها، توَقَّع المصاعب الَّتي قد تُواجِهك وتعامَل مع المشكلات الحاليَّة، فالتَّفكير على المدى الطويل أمر مهمٌّ جدًّا في أيِّ عمل.

*****

دائمًا ابدأ يومَك بأهمِّ شيءٍ يجب أن تفعلَه في هذا اليوم لأنَّك إن أجَّلتَه للنِّهاية فستؤديه بشكلٍ أقل كفاءة ممَّا كنتَ ستفعلَه، إذا بدأتَ به أول اليوم، لأنَّك في بداية اليوم تكون أكثر نشاطًا وفعاليَّةً حتَّى ذِهنك يكون صافيًا لَم يختلط بالمشكلات اليوميَّة، فالنَّتيجة ستكون أفضل بالتَّأكيد.

ستكون مشتِّتًا طِوالَ اليوم إن لَم تنَم بشكلٍ كافٍ، نم بعُمقٍ وبشكلٍ كافٍ، واجعَل مواقيتَ نومك مقدَّسةً وحاوِل عدَم تغييرها قدر الإمكان.

*****

112

خيانة صِحَّتك أكبر خيانة تواجِهك، استثمِر في صحتك وابتعِد عن كلِّ ما يضُرُّها، فكِّر دائمًا أن أيَّ شيءٍ يضُرُّ صِحَّتك حتَّى ولو كان بسيطًا، يتراكم مع الوقت حتَّى يهدمُك في وقتٍ ما، اهتمَّ بصِحَّتك، وخُذ وقتًا مِن يومك للرِّياضَة، وقدر الإمكان اجعل طعامك صحيًّا، وابتعد عن التَّدخين القاتل، وعن الكحوليات المدمِّرة، واجتهِد في استثمارك بصِحَّتك فهو الاستثمار النَّاجح دائمًا، ولا يحتاج إلى أيِّ رأس مال.

*****

مَن يسانِدك وقتَ الشِّدَّة هو مَن يستحِقُّ أن يتواجَدَ معك في أوقاتك الجيِّدة.

إذا اتَّفَقَ القلب مع العقل حولَ شيء أو فكرة فنقِّذها فورًا إن كانت لديك الإمكانيَّات.

*****

لا تتحدَّث عن أحلامك وطموحاتك إلا مع شخصٍ تثِق بأفكاره حتَّى لا يُحبطك أو يضُرُّك بمعلوماتٍ خاطئة.

*****

إذا كنتَ تخجَل ضَع نفسك في مواقف تتعامل معها مع أشخاصٍ كُثر، احضر ندوات، تطوَّع لتنظيم أعمال مجتمعيَّة، تحدَّث دائمًا أمام الناس عندما يكون لديك الفرصة، في البداية سيكون هذا صَعبًا، لكن بالتَّعَوُّد يختفي الخجل.

*****

رَغم أنَّ أثرى الأثرياء لديهم أموال تَكفي حاجاتِهم وحاجاتِ أولادهم وأحفاد أحفادهم إلَّا إنَّهم يتهرَّبون مِن الضَّرائب بطرُق مختلفة وذكيَّة، ومَن لا يُفيد المجتمع لا يستحق مكانتَه.

ابدَأ اليوم في تحقيق أيِّ هدفٍ تُريده، فمع تقدُّمِك في السِّنّ تزداد مسؤولِيَّاتك وستَنسَى أهدافَك الَّتي مِن الممكن أن تجعلَك في مستَوًى معيشيٍّ وفكريٍّ أفضل مِمَّا أنتَ عليه اليوم.

الانتقادات مِن أشخاص تثِق بهم، وتثِق بحبِّهم لكَ هي دائمًا مفيدة، ويجب أن تتعلَّم منها دائمًا، انتقادات الأشخاص الموثوقين أفضل مِن المدح.

*****

أغبَى سؤال مُمكن أن تسألَه لشخصٍ ما، السؤال عن العائد الذي يجنيه أو راتبه الشَّهريَّ، فلا تكُن فضوليًا إلى هذه الدَّرجة مع أيِّ شخصٍ.

*****

إن كنتَ تنتظر أن تتبَرَّع بمَبلغٍ ثُمَّ تنتظر غدًا أن يتضاعَفَ، فاعلَم أنَّ هذا لن يحدُث غالبًا، فالآخرة مشروع والاستثمار في مشروع الآخرة أحد أوجُهِه هو التبَرُّع وعمل الخير، انتظِر نتيجة استثمارك في الآخرة، سيُفيدك بالطبع.

*****

مشكلاتك العائليَّة انزعها عند ارتداء ملابس العمل، ولا تفكِّر في أيِّ مشكلات غير مشكلاتِ العمل في أثناء تواجُدِكَ في عملِك، واحترِم مصدر رزقك.

*****

تحكَّم بعواطفِك حتَّى لا تتَّخِذ قرارات عاطفيَّة، وإن كنتَ متأثِّرًا بشيء ما ولا تستطيع فصلَه عن تفكيرك، فلا تتَّخِذ قرارًا في هذا الوقت.

إذا كنتَ مَوهوبًا في شيءٍ فاستثمِر به المَوهبة هي عملة اليوم.

*****

التخطيط لِيَومك مهارة مميَّزة يجب أن تكون لديك، اصنَع جدولًا يوميًّا بمهامك، والأهمُّ تقديس الجدول كأنَّه ورقة حكوميَّة لا يجب أن يحدُث فيها عبثُ أو تعديل.

*****

الأعذار التي تصنَعُها لنفسك هي العائق الأكبر لنَجاحك واستمرارك.

*****

الاعتماد على الحظِّ هو الطَّريق الأول للفَشَل، الحظُّ هو نتاج اجتِهاد.

*****

لا تتسامَح في الأخطاء الكبيرة في العمل أو في الحياة أكثر مِن مَرَّة، تعامل مع مَن يُخطئ كقوانين كرَة القدم، الأولى إنذار، والثانية طرد، وفي بعض الأحيان يكون هناك حاجة إلى طَرد مباشر مِن المَرَّة الأولى.

مِن الأشخاص الذين لهم بريق خاصّ بالنِّسبة لي، الذين يُعيدون الأموال التي اقترضوها منكَ قبل أن تطلبها أنت، يُعطي هذا الفِعل دلالة على أنَّ الشخص منضبط ويُعتمد عليه وتُعطي ثقة به.

حكاية اقتصادية
"في الرحلة"

في رحلة عبر الطائرة جلستُ بجوار أحد رجال الأعمال، كان الرجل كبيرًا في السِّنِّ، ربما في الثمانين من عمُره، جاء ليتابع أحد فروع شركاته في سفر طويل حتَّى يتأكَّدَ أنَّ الأوضاع على ما يُرام.

تحدثَ معي وكان رجلًا طيِّبًا جدًّا، عندما رأى أنِّي متحمِّس للاقتصاد ودراستي في المالية، سألني: هل أخبِرُك بقصَّةٍ تعلَّمتُ منها أفضل ممَّا تعلَّمتَه مِن دِراستي في إدارة الأعمال حتَّى يمُرَّ وقتُ الرِّحلة فيما تستفيد به؟

قلتُ: بالتَّأكيد.

قال: تحديدًا في العصر الملكي في مصر، وهذا العصر تحديدًا في نظري هو البداية الحقيقيَّة في مصر لرغبة الشَّعب نفسه في أن يكون لديه ثروة، فكل فردٍ بدأ يرغَبَ أن يكون لديه

ثروة تكفيه وتكفي أولاده، بل وأحفاده من بعده، وهذا بعد أن كانت في السابق رغبة الفرد في أن يكون لديه ما يكفي يومَه، لكن ظروف الحياة في هذا العصر جعلَت من الأفراد يرغَبون في تحقيق ثروة تمَكِّنُهم مِن العيش بأمانٍ، وكما هو الحال في كلِّ عصر، كان يوجد العديد مِن الأثرياء المسيطرين على أغلب ما يحتاجه النَّاس مِن مستلزمات، وهم أثرى أثرياء البلدة، مِن ضِمن هؤلاء الأثرياء كان هناك رجل صالح اسمه المعتز بالله يحبُّه جميع أهالي القاهرة، ويعرفون أنَّه عندما يحتاجونه سيجِدونه من المساندين لهم، كان رجلًا ذا ثروة كبيرة، الجميع يرغب في أن يكون مثله ويقتدون به.

في يوم اجتمع معه طلاب العلوم المالية رغبةً في أن يعلموا كيف يقومون ببناء ثرواتهم بعد حصولهم على العلم، واجتمعوا في يوم في المسجد الذي يصلِّي فيه المعتز بالله، والتفوا حوله وسألوه إذا ما كان بإمكانهم الحصول عن جزءٍ مِن عِلمِه ونصائحه في كيفية بناء الثَّروة مِن الصِّفر، حيث إنَّه مِن المعروف أن الطالب يتخرَّج من أيِّ مجال وهو خالي الوفاض مِن أيِّ أموال، في رأسه علمٌ فقط يحتاج إلى تطبيقه.

فأجابهم أنَّه لديه ما يُلهِمهم به مِن قصة حياته نفسه فقال: كنتُ مِن فقراء بلدتي، وتعلمتُ العلوم الدينيَّة في الأزهر

الشريف، وتخرَّجتُ وكانت رغبتي هي التجارة، وليس أن أكون في مجال ذي صِلة بالدِّين؛ فكنتُ أتعَلَّم العلوم الدينيَّة لكَي أعرف ما يجب فعله في الدنيا حتَّى تصبح لدي الثروة المطلقة والحقيقية في الآخرة، فما تعَلَّمتُه أنَّ الدنيا أقصر مِمَّا نتخيَّل وأنَّ الآخرة هي دارُ الخلد، فيجب أن يكون كلُّ العمل بتقوى الله حتَّى تصبِحَ روحي مخلدة بحريَّة مطلقة، سواء مالية أو تطبيقيَّة أو غير ذلك، فكل مَن يَدخُل الجنَّةَ سيكون لديه الحريَّة المطلقة في فِعلِ أيِّ شيءٍ، فكان هذا هو الدرس الأول في تجارتي، وإن لَم يكن الدرس مفيدًا في التِّجارة فبالمنطق التقوى لن تجلب المال، بل على العكس يُوجَد الكثير مِن الأثرياء غير المؤمنين بأيِّ قِيَم أخلاقيَّة، فهذا الدرس لنفسك حتَّى تكون مستريحًا دنيويًّا.

لا تشغل بالك بمَن آذيت وتكون مطمئنًّا لدار مقامتك، وهذا الدرس أنتَ مخيَّر بالالتزام به لأنَّه لنفسك، وطالما أنَّ القانون لا يَراك تستطيع الغِشَّ والتَّلاعُبَ وأذى البشر، لكن اعلَم أنَّ هناك قوانين نحن مأمورون بها لا تخفَى على واضعِها، فانظُر إلى أفكارك والتزم أو لا تلتزم بهذا القانون لكن الجزاء موجود.

الدرس الآخر الذي تعَلَّمتُه لكن مِن حياتي العمليَّة هو درس اغتنام أي فرصة تقع أمامك لكن بشرط أن يكون لديك علمٌ بها، أو إذا كنتَ تعرف مَن يستطيع مساعدتَك مِمَّن لديه علمٌ وخِبرات بها، فاطلُب مساعدتَه لكَ بخِبرته، فأول ما عملتُ أنا عملتُ في تجارة الأقمشة لدى تاجر كبير، وتعَلَّمتُ في هذا المجال واكتسبتُ خبراتٍ بشكلٍ جيِّدٍ، وكان لي صديق بالدِّراسة لَم أقابِله منذ فترة لكن في وقت ما جاء إلى منزلي وعلمتُ أنَّه أصبح مِمَّن يمتلكون ثروةً جيِّدةً مقارنةً بعمُره، وسألتُه عن كيفية بنَاء ثروتَه تلك؟ أخبَرَني أنَّ السبب هو الذي جاء به إلى هنا، فقد جاء إلَيَّ ليُخبرني أنَّ تاجر أقمشة الكبير تُوُفِّي، وورثته ليس لديهم خِبرة في هذا المجال ويَرغَبون في إنهاء التجارة تلك، وهو يشعر أنَّها فرصة جيِّدَة لشِراء الأقمشة بسِعرٍ جيِّد، ولكن ليس لديه خبرة في الأقمشة فلن يعلَم قيمة ما لديه إذ لَم يكن لديه خبرة جيِّدة ومعرفة، بماذا سيشتري، فجاء لي لمعرفته بخِبرَتي في المجال وثقته بي، وأخبَرَني أنَّني سأكون شريكُه بنسبة ضئيلة بالنِّسبة له، لكن جيِّدَة بالنسبة لي، إذا كانتِ البضاعة جيِّدة بعد الأخذ بمَشورتي فيها، وبعد بَيعِها بسعرٍ جيِّدٍ، وهُنا هو أراد استغلال الفُرصة فاختار شخصًا مناسبًا وذا خبرة ليُساعِدَه وقام بإغرائه حتَّى يقدِّم أقصَى ما لديه في العمل،

وهذا هو الدَّرس الثَّاني، فانتهاز الفرص مع الخِبرة يؤدِّي إلى نجاحٍ باهر.

والدرس الثالث الذي أستطيع إعطاءه لكم، هو عدم التشتُّت بين الأعمال خاصَّةً في البداية، فيجب إعطاء كلِّ عملٍ حقَّه، والمشاريع والأعمال عندما تنجح تستطيع أن تُدير نفسها وتولد أرباحًا بإدارة أقل بكثير، عندها يُمكنُكم البدء في عملٍ جديدٍ ومشروعٍ جديدٍ، ولن تكونوا مشتِّتين.

فمِن الأمثال العربية المشهورة جدًّا: "صاحب بالين كذَّاب"، ومعناه أن أيَّ شخصٍ سيشغِّل بالَه بعملَين متلازمَين ويعمل بهما في نفس الوقت سيكون مقصِّرًا في العملَين؛ لأنَّه سيخفض مجهودَ كلِّ عملٍ إلى 50% فقط مِن مجهود الشخص، فالأفضل أن يُفرِّغ الشَّخص نفسَه إلى عملٍ واحدٍ يُعطيه حقَّه بشكلٍ كاملٍ؛ لأنَّ هذا بالضَّرورة سيَعود بالنَّفع عليه في العملَين، فالنَّجاح في مشروع أو عملٍ واحدٍ أفضل من الفشل في عملَين، حتَّى مع عملِك في مشروعٍ واحدٍ سيكون نفس الجُهد في عملك الواحد هو جهد عملِك في مشروعَين، هذا الذي مِن المفترض أن يحدُث إذا كنتَ تُريد النَّجاح، لكن تَركيزك سيصُبُّ في عملٍ واحدٍ لكن مع تركيز أكبر، فستستفيد مِن فُقدانِك للتَّشتُّت مع العمل الآخر؛ فابدَأ بعملٍ واحدٍ، ابدَع به، وقُم

بإخراج به جميع طاقتك، وبالتَّأكيد ستحصُل على نتيجةٍ مميَّزة جدًّا ومُرضيَّة، وفي كل الأحوال بناء على تجارب الآخرين ستكون نتيجة تركيزك على عملٍ واحد أفضل.

ومن النَّصائح أيضًا الَّتي تساعِدك على تطوير نفسك، وبناء ثروتك هو التَّركيز مع نفسك فقط، ولا تشغل بالك بالآخرين على الإطلاق، ففي كلِّ الأحوال أنتَ تعمل لنفسك، وتسابِق نفسك، لستَ أبدًا في سِباق مع الآخرين.

الحياة تُنافِس فيها نفسُك فقط فَلتُجاهِدْ نفسك لكَي تصبِح أفضل مِمَّا أنتَ عليه في المستقبل، فتركيزك على الشأن الخاص بكَ يَصِب تركيزك على حياتك، وهذا أفضل مِن أن تصِب تركيزك على حياة أخرى حتَّى إن كان الآخر ناجحًا، فظروف الحياة مختلفة لدى الجميع، والفُرَص المتاحة لدى الشخص الآخر ليست مثل الفرص المتاحة لديك، وطريقة تفكيرك ليسَت مثل طريقة تفكير الطَّرَف الآخر، فحياتك هي حياتك أنت فدَبِّر أمورك بالفرص المتاحة لديك واستغلها أفضل استغلال، وهذا بالطبع سيكسبك نجاحًا أفضل، أو على الأقل أسهل مِن أن تعيش حياتك بناءً على فرص شخصٍ آخر قد لا تُشبِهك، ولكن خُذ من قصص نجاح الآخرين ما يُشبِه طريقة حياتك وأسلوبك والفرص المتاحة أمامك.

ومن أفضل الأعمال الَّتي قد تقوم بها هي أن تستثمر أوقات فراغك أفضل استثمار، سواء بتنمية مهاراتك، أو اكتساب مهارات جديدة، أو قراءة شيء مفيد مع بالطبع أخذ جزءٍ مِن الترفيه والترويح عن النفس، وطالما أنَّ هذا باعتدال من دون إفراط سيكون شيئًا إيجابيًا جدًّا.

تعَلَّمِ المهارات الجديدة إذا كانت شيئًا أنت تحبُّه وتحبُّ القيام به سيكون ترفيهًا أيضًا، بالطَّبع ستكون قد اكتسبتَ مهارةً جديدةً تفيدك في حياتك، ومِن أهمِّ المهارات الَّتي ستُفيدُك في حياتك، ومِن أسهل المهارات الَّتي يستطيع أيُّ شخصٍ أن يكون ماهرًا بها هي مهارات التَّواصل مع الآخرين، واكتساب صداقات، ومعارف جديدة مع أيِّ شخص، وفي أيِّ مكان ومع أيِّ شخصية، فأنجَح شخصيَّات العالم هُم مِن الشخصيات الاجتماعيَّة جدًّا، فمعرفتك بعاملِ البقَّالة ستُفيدك كما ستُفيدك معرفتك بمدير أكبر شركة في مجالك، فكلٌّ سيُفيدُك مِن جانب، ومن نظرة ربَّما أنتَ لا تراها، لكن ابتعد في علاقاتك عن الأشخاص المحبطين لأنَّهم سيكون لديهم تأثير سلبيٌّ عليكَ، وعلى شخصيَّتك وتفكيرك بطريقة أو بأخرى، فإذا رأيتَ في شخصٍ أنَّ جميع آرائه محبطة فابتعِد عنه، ولا تأخذ مِن أفكاره قدر الإمكان، وأيضًا لا تسلم نفسك

للآراء المتفائلة بمبالغة لأنَّ المبالغة في تقدير النتائج سواء للأفضل أو الأسوأ سيؤدي إلى النتيجة غير المرجُوَّة وغير الحقيقية الَّتي مِن المفترض أنَّها ستحدث، فالأفضل أن تكون آراؤك وآراء مَن تأخذ بمشورتهم في الوسط معتدلة، وإذا كانت محبطة، أو متفائلة للغاية فستحتاج منهم أيَّ مصادر وأسباب عن هذا التفاؤل أو التشاؤم، حتَّى تتيقَّن مِن أنَّ رأيَهم ليس مُبالغًا به ومبالغًا بتقديره حتَّى لا تتَّخِذ قراراتٍ خاطئةً بناءً على مبالغات.

وأيضًا مِن النصائح المهمَّة جدًّا الَّتي يجِب أن تكون في الحسبان دائمًا، ويَنبغي أن تؤخَذ بعَين الاعتبار في جميع قراراتك هو تكلِفة تحمُّل المخاطر وطريقة إدارة تلك المخاطر، فمن المعلوم أنَّ لكل عمل مخاطرَ، لكن تختلف تقديراتُها مِن عملٍ لآخر، وبالطَّبع القاعدة الأساسيَّة أنَّ لكل مخاطرة ثمنًا، وكلَّما زادت المخاطرة يجب أن يزيد العائد على العمل؛ فإذا كان تكلِفة تحمل المخاطرة أعلى مِن العائد فأنت فعليًّا تخسر حتَّى إن لَم تتحقَّق هذه الخسارة، وبما أنَّ هناك بدائلَ دائمًا في الأعمال والمشاريع، فلهذا يجب أن تكون عينُك دائمًا على الفرَص البديلة، فتكلفة الفرصة البديلة هي العوائد الَّتي ستفقِدها نتيجة اختيارك عمَل معيَّن وتفضيله على عمل آخر،

فلا بُدَّ أن تحسب تكلفة المخاطرة الَّتي ستتَّخذُها وتقارنها مع البدائل الأخرى، وتختار أعلى عائدٍ مع أقلِّ مُخاطرة، هذا هو الاستثمار الأنجح، فعندما يكون العائد المتوَقَّع عاليًا والمخاطر قليلة ففُرصة أن تصل إلى العائد المتوَقَّع أكبر بكثير ممَّا إذا كان العائد المتوَقَّع عاليًا جدًّا مع مخاطر عالية جدًّا.

الدراسة والتخطيط قبل البداية مهمَّان جدًّا لهذه الأسباب، وبالطبع تقبُّلُك للمخاطرة ومعرفتُك الملمَّة للبدائل المتاحة تتغيَّر مِن شخصٍ لآخر، فالمخاطرة بالنِّسبة لكَ قد يكون استثمارًا أكثر أمانًا بالنِّسبة لآخر، فلهذا يجب مشورة الخبراء في المجال الذي ستَبدأ به قبل أيٍّ عمل والبَدء به.

وحتَّى تقوم بالوصول إلى هدفِك بنجاحٍ يجب عليك تخيُّل طريقة الوصول إلى هذا الهدف عند البدء بوَضعه، فتخيَّل السيناريوهات المتوقع أن تحدُث، وتوَقَّع المشكلات الَّتي مِن المتوَقَّع أن تحدُث أيضًا قَبل حدوثها، قد يجنِّبك تلك المشكلة مِن الأساس عندما تفكِّر فيها، وطرُق تفاديها، وعند تخيُّلك لطريقة تحقيق الهدف والمشكلات المُحيطة به، قد يغيِّر هذا في رأيك بالنِّسبة لهذا الهدف لأنَّه مِن الممكن أن يكون هذا الهدف محاطًا بمخاطر لا تظهَر إلَّا عند التعَمُّق في التَّفكير ومحاكاة حدوثه، فهذا المبدأ مهمٌّ جدًّا عند وَضعِك أيَّ هدفٍ أو اتِّخاذك في

أيَّ قرار، حتَّى إذا كان القرار هذا غير مؤثِّر بشكلٍ كبيرٍ، إلَّا إنَّه عندما تتخيَّل تبعيَّات هذا القرار يجعلُك هذا أكثرُ ثقةً بقرارك، ويجعل تنفيذ هذا القرار أسهل وأسرع؛ لأنَّكَ ستكون على عِلمٍ بجميع تبعيَّات هذا القرار، بالتَّالي يُمكنُكَ أن تحلَّ أيَّ مشكلةٍ متعلِّقة بهذا القرار بشكلٍ سريع.

ومِن أسرار النَّجاح أيضًا أن تقوم بالاستثمار في نفسك، فليسَت كلُّ الاستثمارات استثماراتٍ في العقارات أو المشروعات بجميع أنواعها، فنفسك هي أهمُّ ما تَملك فعند الاستثمار بها ستكون أكثر نجاح، ولكن كيف يكون الاستثمار بالنفس؟

الاستثمار بالنفس يكون بتثقيف عقلِك سواء بالقراءة أو متابعة الأخبار المحيطة بك، أو تعَلُّمِ أشياءَ جديدةً سواء في مجالِ عملك الحالِّي، أو مجال تريد أن تقوم بالدُّخول والتَّوَسُّع به في المستقبل، فجعل جزء مِن وَقتك خلال اليوم للمعرفة والاطِّلاع والتعَلُّم يعدُّ مِن أنجح الاستثمارات، وهذا الاستثمار لا خسارةَ به، فما استثمرتَ به في نفسك سيبقَى معك مدى الحياة لن تخسرَه مطلقًا، فالمخاطرة في الاستثمار بالنَّفس بالتَّأكيد ستكون صفرًا، وهذا هو الاستثمار الوحيد في الحياة الذي لا توجَد به أيُّ مخاطرة، بل كلُّه أرباح ستجعَل عقلك أكثر تنَوُّرًا، وتمكِّنك مِن بلوغ أهدافك مع الوقت.

ومن الأخلاق والصفات الَّتي تجعل رحلتَك في تحقيق حريَّتِك المالِيَّة والثَّراء، وبالتَّأكيد هي مهمَّة لأيِّ شخص: فالأوَّل هو عدَم التَّفاخُر بأيِّ شيءٍ لديك؛ فالتفاخر سِمَةٌ سيِّئة ومنبوذة، وهناك فَرق بين التَّباهي وبين مشاركة الفرحة، فمِن الممكن أن تتشارك الفرحة بالوصول إلى هدفٍ ما أو الحصول على شيء كنتَ تودُّ الحصول عليك، لكن تكون المشكلة في التَّعالي والإكثار والمبالغة في الحديث عمَّا لديك، فإذا أصبحتَ شخصًا متفاخرًا ستكون لديك الرَّغبة في شِراء كلِّ ما هو ملفت للنَّظَر وغالي الثَّمن حتَّى لو لم تكن في حاجة إليه، وبالتَّالي ستخسر الكثير ممَّا لديك مِن ثروة نتيجة هذا، وتجعلك هدفًا سهلًا للسَّرقة وعمليَّات الاحتيال، فبتفاخرك هذا تُعطي أنتَ معلومات للسَّارق أنَّ لديك الكثير فستكون هدفًا جيِّدًا له، والمحتال لن يجِد أسهل مِن جذبك إليه بشراء أشياء تَبدو ثمينةً لكن مِن الممكن أن تكون غير هذا فسيستغلُّ حبُّك للمفاخرة، ويحتال عليك بأيِّ طريقة مبتكرة، فتجنُّبك تلك الصفة يجعلك أفضل بالتَّأكيد، وأيضًا يجب أن تكون حاسمًا في قراراتك فلا تسمَح للآخرين بالتَّأثير عليك فيجب أن تَقبَل بالمشورة، بالطبع لأنك ستَستفيد من الآخرين لكن في النهاية القرار قرارك، فالكلُّ يرى مِن منظورٍ مختلف والأغرب أنَّ الجميع يعتقد أنَّ منظورَه هو الصحيح،

فيجب عليك في جميع الأحوال أن تكون حاسمًا لكن الحسم يكون مع عِلمٍ واطِّلاع، وبعد مشاوراتٍ ودراسةٍ مُوَسَّعة؛ فأيُّ شخصٍ يستطيع أن يحسم قراره بنفسه، لكن الأهمُّ يجب أن تكون مدركًا لقراراتك تلك، وعلى اطِّلاع بتوابعِها ومشكلاتِها، ويجب أن تتحَلَّى بالثِّقة بنفسك حتَّى تستطيع أن تكون حاسمًا.

ومن المهِم في حياتك أن تتوَقَّعَ أفضل النَّتائج وأن تستعِدَّ لأسوأ النَّتائج، فتوقَّعك للأفضل سيجعَل لديك الرَّغبة في الوصول للقِمَّة حتَّى إن لَم تصِل إلى رغبتِك فستصِلُ إلى مكانةٍ عاليةٍ، فلا تقُل لنفسك أنا أريد مليونًا، لا تُبالِغ وقُل أريد عشرة ملايين، لكن ليس قولًا فقط بل بالقول مع العمل، فعند العمل على تحقيق عشرة ملايين والاستعداد بالشَّكل الملائم لهذا إذا كانت خطتك سليمة، ودِراستك وافية بالطَّبع ستصِل إلى أعلَى مِن مليون حتَّى إن لَم تصِل إلى العشرة.

وختَمَ الرجل حديثه بقوله إنَّه يجب أن تستعِدَّ لأسوأ التقديرات فاستعدادك للأسوأ حتَّى إن لَم يحدُثِ الأسوأ فهذا سيَجعلُك تتغلَّب على المشكلات الصَّغيرة الَّتي قد تُواجِهك في طريقك للنَّجاح بمشروعك وأعمالك، وهنا انتهتِ الرِّحلة.

*****

نصائح عمليَّة تؤدِّي للنَّجاح

لا تنتظرِ الظروف المثاليَّة:

أكثر ما يعطِّل البدايات ويؤخِّرها هو انتظارك للظُّروف المثاليَّة حتَّى تبدأ وهكذا في أيِّ شيءٍ، فالمستثمر يَنتظر الظُّروف المثاليَّة حتَّى يقوم بالشِّراء، والمُضارب في الأسهم والعملات ينتظر ظروفًا اقتصاديَّة مثاليَّة لكَي يقومَ بالبداية، لا شَكَّ أنَّ انتظارك للظروف المثاليَّة يكون أكثر أمانًا لكَ، فانتظار ظروف اقتصاديَّة مميَّزة سيجعلَك تشعُر بالأمان تجاه استثمارك، وانتظارك الظروف المثاليَّة للبداية في أيِّ عمل أو مشروع سيَجعَل مِن فرَص نجاحك تزيد، فانتظار الفرَص المثاليَّة أمرٌ جيِّدٌ لكن الظروف المثاليَّة لا تأتي بسُهولة فيجب عليكَ صُنع ظروفِكَ المثاليَّة بنفسك، وصُنع الفرص المثاليَّة معناه إعادة تهيِّئة الأوضاع حولك واقتناص فرص تجعَل مِن الظروف الحاليَّة أكثر مثاليَّة، وتعلُّم اقتناص الفرَص في الظروف غير

المثاليَّة، في كلِّ وقتٍ وكلِّ عملٍ نقاط قوَّةٍ ونقاط ضعفٍ، فاستغلال نقاط القوة في الوقت الحالي يَزيد مِن فرص نجاحك، ويجب أن تعلَم أن الثَّرواتِ تُصنع في أوقات الأزمات، فالجميع ينتظر الأوقات المثاليَّة لكَي يبدأ فعندما تتهيّأ الظروف المثاليَّة يتهافَت الجميع للبداية، فبالتَّالي حتَّى إن كان الرِّبح كبيرًا في هذه الظُّروف، فإنَّ هذه الأرباح تتقسم على عددٍ كبيرٍ، بالتَّالي ثروتُك لن تتزايدَ بشكلٍ كبيرٍ على عكس اقتناص الفُرَص في الأوقات غير المثاليَّة للبداية.

هذا يجعل نجاحك يزيد لأنَّ المنافسة تقِل في الظروف غير الجيِّدة، فمثلًا عند شرائك عقارًا في بلد ما في ظروف غير جيِّدة في هذا الوقت، لكن بعد دراسة وافية في أن اقتصاد البلد له نقاط قوَّة وستتحسَّن الظروف في وقت قريبٍ، فبَعد الدراسة اخترتَ عقَّارًا في مكان مميز، ولأنَّ الظروف الاقتصاديَّة غير جيِّدَة ستقوم بالشِّراء بسِعرٍ جيِّدٍ، وعندما تجد أنَّ الفرصة حانَت وأنَّ الاقتصاد أصبَحَ جيِّدًا، وتهيَّأتِ الظروف للبَيع بأعلى سِعرٍ ستحقِّق ربحًا وفيرًا على عكس مَن ينتظر الظروف المثاليَّة، فإنه سيقوم بشراء العقار بالسِّعر الذي قمتَ أنتَ بالبَيع به، وقُم بالقياس على هذا المثال في أيِّ شيء، لكن الأهم هو الدراسة والتخطيط الجيد.

المغامرة تستحق في بعض الأحيان
"يفوز باللذَّات كلُّ مغامر".

دائمًا أكثر مغامرة هو الذي يحقِّق نجاحًا أكبر، لكن احذَر مغامرة من دون علم لن تكون أكثر من مجرد "مقامرة"، من الممكن أن تغامِرَ في أشياء لا يقصدها غيرك فتكون أنتَ أول مَن يَبدَأ بها، ويقوم بنَشرها لكن كما ذكرتُ سابقًا، غامِر مع علمٍ ودراسة فالحياة ليسَت مثل جوائز الحظِّ، في الحياة بمقدار ما تعمل هو نفس مقدار ما سوف تحصد.

*****

حاول تجنُّب الرفاهيَّات قدَر الإمكان:

عندما يكون لديك مبلغ من المال زائد عن حاجتك فأنت مخير مثلاً أن تقوم بشراء سيارة فارهة للرفاهية أو مجوهرات أو أن تقوم باستثمار المبلغ، فالسيَّارة ستقل قيمتها مع مرور الزَّمن، وشراء المجوهرات ليس دائمًا خيارًا جيِّدًا لأنَّ ليست كلُّ المجوهرات تحتفظ بقيمتها لكن الاستثمار بشراء عقَّار أو أسهم سيحقِّق عائدًا جيِّدًا لكَ ويضمَن لك الاحتفاظ بقيمة

ممتلكاتك، وبالتَّالي تحقَّق حريَّتك الماليَّة؛ لأنَّ هذه العقليَّة هي مَن تبني الثَّروات.

*****

تجنب الاقتراض قدر الإمكان:

اعمَل بما لديك مِن مال، حاوِل بَيع ممتلكاتك الَّتي لا تستفيد منها في الوقت الحالي عندما تحتاج إلى المال، لكن تجنَّبِ الاقتراض فتجنُّبُك الاقتراض يوَفِّر عليك الكثير مِن العناء، لكلِّ اقتراض تكلفة سواء تكلفة فائدة أو تكلفة نفسيَّة حتَّى، وبتجنُّبُك الاقتراض حتَّى إن تعثَّرتَ فستخسر مِن ثروتك فقط، أمَّا عندما تكون مقترض مالٍ عندما تتعرَّض لفشل ما، أو تعثر حتَّى ولو كان بسيطًا قد يكلِّفُك هذا نهاية مشروعك، بل ومِن الممكن أن تتعَرَّضَ للمساءلة القانونيَّة، لهذا تلك مِن أهمّ النَّصائح حتَّى تحفظ نفسك، فاعمَل بكلِّ جُهدٍ حتَّى لا تضطر للاقتراض، واجعَل الاقتراض دائمًا آخر الحلول لديك وليس أولها.

*****

استثمر في نفسك:

دائمًا اجعَل في رأسك أنك أنتَ رأس مالك؛ فلن ينفعَك أحد في الحياة غير نفسك، فاستثمِر بها، اختيارك دراسة دورة تعليميَّة في أوقات فراغِك هو استثمار في نفسك، وسيَعود عليكَ بالنَّفع في المستقبل، اختيارك الطَّعامَ الصِّحيَّ حتَّى هو استثمار في نفسك، وستَجنى ثماره عندما تصِلُ إلى سِنٍّ كبيرة ولا تضطَرَّ للإقامة في المستشفى لفَتراتٍ طويلة، التعَلُّم والصحة والرفاهيَّة والعمل والاستثمار كلُّها خياراتٌ نابعة منكَ، فاستثمِر في كلِّ أوقاتك وأفعالك فيما ينفعك.

*****

أحطْ نفسك دائمًا بالمُلهمين "الصاحب ساحب":

بالتَّأكيد مَن هم حولك يؤثِّرون عليكَ بشكلٍ أو بآخر، وتتعَلَّم منهم، وقد تتَّبع نهجَهم دون أن تدري أنتَ، فعندما تُحيط نفسك بأشخاصٍ ناجحين أو أشخاص لديهم أفكار جيِّدة، بالطَّبع ستتعَلَّم منهم، وتكتسب مِن خبراتهم، وبالتَّأكيد الابتعاد عن غير الناجحين أو عن ذوي الأفكار السيِّئة سيَعود

عليك بالنَّفع أيضًا؛ لأنَّهم بالتأكيد سيقومون بالتَّأثير عليكَ وعلى أفكارك وتكتسب منهم أفكار غير ناضجة، وقد تؤثّر على مستقبلك، فمعرفة الأشخاص الجيِّدين أحد أهمِّ قواعد النَّجاح.

*****

كُن متفائلًا:

التَّفاؤل هو أن تتوَقَّع الخير في المستقبل، فتوَقُّع الخير يؤثّر على نفسيَّتك بشكلٍ إيجابيٍّ، ويكون التَّفاؤل مع عمل وتخطيطٍ، هذا مؤكِّد فالتفاؤل فقط لن يجلبَ لك الخير في المستقبل أو الآن، التَّفاؤل هو جانبٌ معنويٌّ، فلا بدَّ أن تقوم بعملٍ ما عليك أولًا.

*****

كُن صادقًا:

حتَّى تنجَح في أيِّ عمَلٍ تقوم به لا بُدَّ أن تكون صادقًا مع نفسِك ومع مَن حولك، لن يحبَّ أحد أن يتعامَلَ معك إذا رأى أنَّكَ غير صادقٍ، وحتَّى إذا كنتَ غير صادق مع نفسك، سواء في تقديرك لوضعك الحالي، أو المبالغة في قدراتك هذا يفقِدك مِن مهاراتك، فعدَم الصِّدق سيورِّثك الفشل سواء عاجلًا أم آجلًا.

*****

لا تستسلم:

الاستسلام هو البداية الحقيقة للفشل، فالتعثر وارد جدًّا في أيِّ عمل، لكن التعثُّر ليس بالضَّرورة فشل، قد يكون التَّعثُّر ناتجًا عن تقصيرٍ، أو تغيُّرٍ في الظُّروف المحيطة، أو أيِّ عوامل خارجيَّة أخرى، لكن هذا التعثُّر لا يُعتبر فشلًا إلَّا عندما يتمُّ الاستسلام له، والاعتبار أنَّ هذا التعثُّر هو النِّهاية أو التَّعايُش مع هذا التعثُّر فيَبقَى ملازمًا لكَ فهذا هو الفشل، لكن عندما لا تستسلم لهذا التعثُّر وتقاوم وتعمل على النُّهوض مجددًا فأنتَ في طريقك الصحيح، قد ترسُب في مادَّةٍ في الجامعة أو المدرسة وقد في

تحقِّق خسارة في عملك، لكن عندما تدرُس وتضع يدَك على مواطن هذا التعثُّر الذي حدث لكَ، وتعلَم أسبابَه فإنَّكَ تستطيع معالجة هذا الفشل، فمعرفة الدَّاء هو نصف الدواء، وبمعرفتك أسباب تعثُّرِك أنتَ قطعتَ نصف الطريق في حَلِّ مشكلاتك والنِّصف الآخر يكمُن في عدم الاستسلام والمقاومة للوصول إلى نهاية تعثُّرك، وبعدها تستطيع الاستمرار في السَّعي والعمل بجِدٍّ حتَّى تصلَ إلى قمَّة عملك، على الجانب الآخر وعند حدوث تعثُّرٍ لك يصيبكَ باليأسِ والحزن وتصبح متشائمًا لعملك، ولا تَرى أيَّ مجال للنَّجاح؛ فهذه هي النِّهاية الَّتي ستقضي على جميع مجهوداتك السَّابقة، فالتعثُّر يحدث لكن الذي مِن المفترض ألَّا يحدُثَ هو الاستسلام لهذا التعثُّر والانقياد وراء الأفكار السلبيَّة الَّتي تأتيك في بداية أيّ تعثُّر لك.

*****

تعلَّم عن عملِك:

أن تتعلَّم عن عملك باستمرار ومستجِدَّاته والتطوُّرات التي حدثَت به في أماكنَ أخرى، ودراستك لأيِّ سوق أو مجال تعمَل به أمرٌ جيِّدٌ لكَ للاستمرار والتطوُّر، ولا بُدَّ منه، من دون هذا

سيكون منحنى الاستمراريَّة في عملِكَ في هبوط وستخفق فيه،
أو ستخسر مشروعك بسبب عدم تعلُّمِك عن المستجدَّات الَّتي
حدثَت في المجال الخاصِّ بك، كما أيضًا إعادة تحديثك لنقاط
قوَّتِكَ، ونقاط ضعفك وفرصِك، والتَّهديدات المحيطة بكَ أمرٌ
واجبٌ عليك القيام به كلَّ فترة؛ لأنَّها متغيرة دائمًا لذلك هو
أمرٌ مهم، إعادة دراستها وتحليلها حتَّى تستفاد مِن الفرص
المتاحة، وتعزيزها بنقاط القوَّة لديك، وتجنُّب التَّهديدات الَّتي
مِن المحتمل أن تحدُث لكَ كما تعمل على تحسين نقاط
ضعفك، والتعَلُّم عن عملِك يَكسبكَ خِبرةً إضافيَّة بالتَّالي
تحقِّق نجاحًا أكبر.

*****

وفِّر أموالَك مِن سنٍّ صغيرٍ:

أنت الآن في سِنٍّ صغيرة بالنِّسبة لك سواء كان عمُرُك
عشرين أو عمرك ستِّين عامًا، فاليوم هو اليوم الذي ستكون
فيه الأصغر سنًّا في حياتك المتبقِّية، فتعلَّم توفير مالك وعلِّم
أولادك ومُحيطك بضرورة توفير المالِ، سواء لتحقيق الرِّبح
المستَقبليِّ أو لتحوط الظروف الاقتصاديَّة الَّتي مِن الطبيعيِّ أن

تحدث، وتوفير الأموال ليس بمعنًى كنزها وحِفظها في البنك أو بالذَّهَب أو غيره، لكن الاستثمار هو الوسيلة الأفضل لتوفير المال لأنَّ الأموال تتكاثر، والطريقة الوحيدة لتكاثُر الأموال هو باستثمارها بأيِّ طريقة كانت، وأيُّ مالٍ ستوَفِّره الآن فسيجلب لكَ الراحة في المستقبل.

اعرف نفسك:

معرفتك لنفسك ولنقاط قوَّتكَ ونقاط ضَعفك هي بداية جيِّدة جدًّا، فمعرفتك لنقاط قوَّتك تستطيع أن تنميَها وتستغلَّها استغلالًا صحيحًا، وبمعرفتك لنقاطِ ضَعفك تستطيع أن تعمَل عليها حتَّى تتخلَّص منها، ولا بُدَّ أن تعرف قدر نفسك ولا تبالغ في تقدير ذاتك، أنت قدرك عالٍ بالطبع في أيِّ ظروف، لكن لا بُدَّ أن تعرف قدر نفسك بالنِّسبة للمحيطين بكَ حتَّى تعرف كيف يَراك النَّاس، ولا بُدَّ أن تُقدر ذاتك فبتقديرك لذاتك يقدرك النَّاس لكن من دون مبالغة حتَّى لا تصل إلى الغرور.

*****

139

اجعَل دائمًا لديك خطَّةً بديلةً:

عمليَّة اتِّخاذ القرار تبدَأ بالتَّخطيط ففي أيِّ قَرار في حياتِكَ سواء في عَمَلٍ، أو قرارٍ دِراسيٍّ، أو أيِّ قرار حياتيٍّ، تَبدَأ بالتَّخطيط لهذا القَرار ثُمَّ بعد التخطيط الجيِّد تتَّخِذ القرار ثمَّ تنفِّذُه لكن ماذا إن لَم يكُن قرارك صائبًا؟ لا بُدَّ أن تتحَوَّل إلى خطَّتِكَ البديلة؛ فالخطَّة البديلة يجب أن تكون دائمًا في حساباتك، ويتمُّ تحديثها باستمرارٍ نتيجة المعطيات التي تجدها أمامك فتوَقَّع عدَمَ النجاح، ووَضع خطَّةً بديلةً دائمًا يجعَل حلَّ المشكلات الَّتي تواجِهك أسهل بكثيرٍ لأنَّك تكون جاهزًا لهذا ومستعدًّا له.

*****

140